Cómo tener una vida plena

Dale Carnegie

Cómo tener una
vida plena

EDICIONES OBELISCO

Si este libro le ha interesado y desea que le mantengamos informado
de nuestras publicaciones, escríbanos indicándonos qué temas son de su interés
(Astrología, Autoayuda, Ciencias Ocultas, Artes Marciales, Naturismo,
Espiritualidad, Tradición...) y gustosamente le complaceremos.

Puede consultar nuestro catálogo en www.edicionesobelisco.com

Colección Nueva Consciencia
CÓMO TENER UNA VIDA PLENA
Dale Carnegie

1.ª edición: noviembre de 2010

Título original: *Living An Enriched Life*

Traducción: *Ainhoa Pawlowsky*
Corrección: *Sara Moreno*
Maquetación: *Mariana Muñoz Oviedo*
Diseño de cubierta: *Enrique Iborra*

© Dale Carnegie Associates
Exclusive worldwide rights in all languages licensed exclusively
by JMW Group Inc. Larchmont, New York, USA.
Original alemán publicado en 2008
por Koha Verlag GmbH, Alemania
(Reservados todos los derechos)
© 2010, Ediciones Obelisco, S. L.
(Reservados los derechos para la presente edición)

Edita: Ediciones Obelisco, S. L.
Pere IV, 78 (Edif. Pedro IV) 3.ª planta, 5.ª puerta
08005 Barcelona - España
Tel. 93 309 85 25 - Fax 93 309 85 23
E-mail: info@edicionesobelisco.com

Paracas, 59 C1275AFA Buenos Aires - Argentina
Tel. (541-14) 305 06 33 - Fax: (541-14) 304 78 20

ISBN: 978-84-9777-692-9
Depósito Legal: B-37.329-2010

Printed in Spain

Impreso en España en los talleres gráficos de Romanyà/Valls, S.A.
Verdaguer, 1 - 08786 Capellades (Barcelona)

Prólogo

Cuanto más vivo, más me doy cuenta del impacto que tienen las actitudes
sobre la vida. Para mí, la actitud es más importante que los hechos. Es más
importante que el pasado, que la educación, que el dinero, que las circunstancias,
que los fracasos, que la apariencia, que los talentos y las habilidades. Construyen
o destruyen una empresa... una iglesia... un hogar. Lo notable del asunto es que
cada día tenemos el poder de decidir qué actitud acogeremos a lo largo del día.
No podemos cambiar lo inevitable. Lo único que podemos hacer es tocar la única
cuerda que tenemos. Estoy convencido de que la vida es un 10 por 100 lo que
me ocurre y un 90 por 100 cómo reacciono ante ello. Y es así para ti también...
estamos al mando de nuestras actitudes.

Dale Carnegie

¡Tener una vida plena! ¿Quién no querría sacar más provecho de los años que vivimos en la tierra? Pasamos un tercio de nuestras vidas durmiendo, por lo menos un tercio trabajando o cuidando a nuestras familias y, si somos afortunados, el tercio restante en actividades recreativas, culturales o religiosas o simplemente no haciendo nada. Demasiadas personas tienen una existencia aburrida y monótona y un trabajo poco gratificante, y emplean el tiempo libre del que disponen en actividades poco provechosas.

En este libro hablaremos acerca de los motivos que nos llevan a caer en estas trampas y proporcionaré algunas pistas para ayudar a superar los problemas y avanzar hacia una vida mejor, más productiva y más satisfactoria.

Confianza en uno mismo

El primer aspecto a tratar es la confianza en uno mismo; el sentimiento que tenemos sobre nosotros mismos de que podemos conseguir cualquier cosa que nos propongamos es el elemento esencial para tener una vida plena y significativa. El principal motivo por el que muchas personas nunca triunfan en sus empleos, en sus negocios e incluso en sus vidas personales es por la falta de este importante ingrediente. ¿Por qué las personas no tienen confianza en ellas mismas? Una de las razones comunes es porque han fracasado en alguna actividad previa y temen que les vuelva a ocurrir lo mismo. Otra es porque otras personas –sus propios padres, profesores, jefes– nunca estuvieron satisfechas con su actuación, lo cual les ha llevado a considerarse unas fracasadas.

Sin embargo, otras personas que han saboreado el éxito acompañado después de un fracaso de algún tipo, han dejado que el fracaso domine su pensamiento y las condene a tener una falta de confianza en cualquier actividad que hagan. Mostraremos cómo superar estas situaciones y cómo desarrollar y mantener la confianza en uno mismo y una buena imagen.

Entusiasmo

Un estudio de las vidas de grandes hombres y mujeres, tanto pertenecientes al gobierno, a los negocios, a la ciencia o a las artes, muestra que el único ingrediente común que poseen es el entusiasmo por su trabajo y sus vidas.

El entusiasmo es el ingrediente secreto del éxito de la mayoría de personas que han triunfado, así como también un generador de felicidad en aquellas personas que lo poseen.

El entusiasmo influye en las actitudes de una persona hacia los demás, hacia su trabajo y hacia el mundo. Marca una gran diferencia entre una vida monótona y una vida plena.

Establecer y lograr objetivos

Todas las personas que triunfan empiezan con un objetivo. Establecer objetivos y esforzarse para conseguirlos es el primer paso que uno debe dar en el largo camino del éxito. Saber hacia dónde nos dirigimos y cuál es nuestro plan para llegar allí nos permitirá concentrar nuestro tiempo, energía y emociones y empezar por el buen camino para alcanzar esos objetivos. Estudiaremos cómo fijar objetivos que nos inspirarán para conseguir logros mayores, cómo asegurarnos de que no nos desviamos de ellos y cómo superar los obstáculos que nos impiden alcanzarlos.

Imagen

La imagen que proyectamos hacia las personas que conocemos es un factor determinante en la confianza que les damos y en la comodidad que pueden sentir o no con nosotros.

Se puede desarrollar una imagen agradable y acogedora. Algunos de los aspectos que conforman nuestra imagen son innatos —nuestra apariencia física, nuestra inteligencia básica y algunos talentos— pero cada uno de nosotros tiene la capacidad de sacar el máximo provecho de casi todos sus rasgos y de desarrollarlos para ofrecer ese tipo de imagen que los demás admirarán.

No es fácil convertirse en la persona que deseamos ser, pero se empieza con un fuerte deseo y compromiso de desarrollar una conducta sociable, alegre, optimista y positiva; una imagen que se ganará la aprobación de los hombres y las mujeres con quienes nos relacionamos. Aprenderemos cómo dar una primera buena impresión y a mantener y mejorar esta imagen.

Motivarse a uno mismo

Simplemente con querer conseguir nuestros objetivos no es suficiente. Debemos estar cultivando constantemente el deseo, la ambición, mantener nuestros objetivos vivos y estar sanos con un esfuerzo activo. Ésta es la única manera de poder unir nuestros sueños con sus realidades. Exploraremos las distintas formas de poder motivarnos a nosotros mismos para lograr nuestros objetivos y aprenderemos técnicas que nos permitan avanzar cuando nos quedemos atrás.

Ser positivos

No existe un hábito más constructivo que tener una actitud esperanzadora, que creer que las cosas mejorarán y no al contrario; que vamos a tener éxito y no fracasaremos; que no importa qué pueda o no ocurrir porque seguiremos siendo felices.

No hay nada más provechoso que disponer de esta actitud optimista y expectante −la actitud que siempre aguarda y espera lo mejor, lo máximo, lo más feliz− y no permitirse nunca ponerse de un humor pesimista y desalentador.

No siempre es fácil permanecer con una actitud positiva, especialmente cuando los asuntos no van como habíamos planeado. Aprenderemos cómo superar la negatividad y pensar de forma afirmativa independientemente de los problemas con que nos enfrentemos.

Ser valientes

Las personas triunfadoras tienen el valor de hacer realidad sus ideas, la buena disposición de poner su dinero, esfuerzos y emociones en una iniciativa en la que verdaderamente creen.

Todos debemos arriesgarnos si queremos progresar en nuestros trabajos y en nuestra vida. Con un análisis cuidadoso podemos minimizar las probabilidades de fracasar, pero nunca podemos eliminarlas. Sin dolor no hay ganancias. Si siempre vamos a lo seguro tal vez evitemos este dolor, pero nunca sentiremos la gran alegría y satisfacción que resulta de superar los obstáculos y de lograr nuestros objetivos.

Levantarse

Incluso aunque tengamos experiencia y conocimientos prácticos, no siempre nos tiene por qué salir bien todo. Habrá momentos en los que fracasemos, pero no debemos dejar que el concepto de fracaso nos angustie. Aprendemos de nuestros errores y aplicamos lo que aprendemos para superar nuestros fracasos.

A menudo la decepción o el fracaso tienen una consecuencia colateral. Hacen que nuestra moral caiga en picado y destruyen nuestra confianza en nosotros mismos. A menos que actuemos inmediatamente, esto puede degenerar en lástima por uno mismo, en fracaso e infelicidad. Exploraremos cómo tratar con los efectos psicológicos de las derrotas y cómo restablecer nuestra moral.

Sacar el máximo provecho de este libro

Primero debe leerse todo para absorber los conceptos globales. Luego, releer cada capítulo y empezar a aplicar las directrices para sacar provecho de todas las áreas comprendidas. De este modo, nos situaremos en el camino para tener una vida plena; un gran paso hacia delante en el camino del éxito.

ARTHUR R. PELL
Doctor en Filosofía y editor

Capítulo 1

Construir la confianza en uno mismo

¡Cree en ti mismo! ¡Ten fe en tus capacidades! Sin una confianza humilde pero
razonable en tus propios poderes, no podrás tener éxito ni ser feliz.
Dale Carnegie

Cuando su empresa publicó una plaza vacante de supervisor de un departamento nuevo, Larry tuvo tentaciones de solicitarla, pero después de un instante se dijo a sí mismo: «Me gustaría ascender, pero no creo que pueda hacerme cargo».

Susan le hizo una propuesta a su jefe de lo que creía que mejoraría la productividad, pero éste advirtió varios defectos. La reacción de Susan fue: «Soy una fracasada. No puedo pensar las cosas lo suficiente. Nunca volveré a hacer otra propuesta».

A Claire le pidieron presidir un comité en su iglesia. Le dijo a su marido: «Tendría que hablar con los miembros de la iglesia sobre este proyecto. Es imposible que pueda hacerlo».

Eliot fue el mejor vendedor de su empresa durante los tres primeros meses de este año, pero al cuarto mes sus ventas disminuyeron mucho. Se dijo a sí mismo: «Tuve suerte el primer trimestre, pero la suerte se ha terminado y estoy de nuevo en el lugar al que pertenezco, apenas alcanzando la cuota. Sabía que no podría seguir así».

¿Cuál es el problema de estos hombres y mujeres? Todos carecen de confianza en ellos mismos. Cada uno de ellos se ve a sí mismo como un simple fracasado, condenado a permanecer toda la vida en el extremo inferior del espectro.

Hay momentos en los que cualquiera de nosotros podemos dudar de nuestras capacidades y habilidades y ver cómo la confianza en nosotros mismos cae en picado. Para empeorar las cosas, recalcamos y hacemos hincapié en lo que los demás piensan de nosotros para determinar cómo nos sentimos acerca de nuestras capacidades y de nosotros mismos. Este pensamiento puede llevarnos a evitar correr riesgos por el temor a fracasar, y este tipo de refuerzo puede provocar que nos menospreciemos, que pasemos por alto las retroalimentaciones positivas y que nos suscribamos a suposiciones perjudiciales que perpetúan patrones de pensamiento contraproducentes y una actitud negativa.

La confianza en uno mismo es una parte integrante de la autoestima. Antes de poder tener confianza en las decisiones que tomamos, debemos creer en nosotros mismos. Debemos sentir verdaderamente que valemos. Si no tenemos autoestima, ¿cómo podemos confiar en que nuestras decisiones valen la pena?

Demasiadas veces estamos más preocupados por lo que los demás piensan de nosotros que por lo que pensamos nosotros mismos. William Becker, clérigo y escritor de mediados del siglo xx, advirtió a sus lectores: «Que nunca os importe lo que las "personas" piensen de vosotros. Pueden sobreestimaros o subestimaros. Hasta que no descubran vuestro verdadero valor, vuestro éxito depende principalmente de lo que pensáis de vosotros mismos y de si creéis en vosotros. Uno puede tener éxito aunque nadie crea en ello, pero nunca puede triunfar si no cree en sí mismo».

El gran filósofo griego Epícteto dijo: «Nadie es libre si no es dueño de sí mismo». A menos que tengamos confianza en nuestras capacidades y fe en nuestra determinación para tener éxito, nunca empezaremos siquiera el camino que nos lleva a la consecución de nuestros objetivos. Debemos esperar grandes logros de nosotros. Esta fe saca lo mejor de nosotros. Como afirma el antiguo dicho:

«La batalla de la vida no siempre la gana
el hombre más fuerte o más rápido;
tarde o temprano, aquel que la gana
es aquel que CREE poder hacerlo.»

Somos quienes nosotros –no los demás– creemos ser

Las personas que no tienen confianza en sí mismas dan mucha importancia a lo que los demás piensan para determinar cómo se sienten con ellas mismas.

Evitan correr riesgos por el miedo al fracaso y generalmente no esperan tener éxito. A menudo se menosprecian, pasan por alto las retroalimentaciones positivas y se suscriben a suposiciones perjudiciales que perpetúan patrones de pensamiento contraproducentes y una actitud negativa. Algunos de los patrones de pensamiento contraproducentes son:

- Pensamiento extremo: así es como reaccionó Susan a las críticas de su jefe acerca de su sugerencia. Un fracaso le hizo sentir: «Soy un completo fracaso cuando mi actuación no es perfecta».
- Desastre eminente: las catástrofes acechan por todas las esquinas y se espera que ocurran. Por ejemplo, un único detalle negativo, una crítica o un comentario rápido eclipsan toda la realidad. «He arruinado esta presentación y ahora nunca me ascenderán.»
- Magnificación de lo negativo: las buenas actuaciones no cuentan tanto como las malas. Ésta fue la reacción de Eliot. «Sé que tuve el mejor registro de ventas el último trimestre, pero fue simplemente suerte. Ahora soy de nuevo mi verdadero yo. Este trimestre sólo estoy cubriendo la cuota.»
- Énfasis excesivo en las frases del tipo «debería». Las frases del tipo «debería» están hechas para empujarnos al escenario perfecto, pero deben ir acompañadas de un pensamiento realista que esta-

blezca el «Tal como Son». Una vez establecido, podemos planear cómo ir de donde estamos al «debería ser». Muchas veces simplemente observamos dónde estamos y nos quedamos inmóviles de miedo al ver que no estamos cerca de donde deberíamos. En lugar de ello, en este momento deberíamos detenernos, observar y escuchar para poder seguir el camino.

- Estar fuera de nuestra zona de confort. Desde la infancia desarrollamos un entorno en el que nos sentimos cómodos. En la familia de Sally, su padre tomaba todas las decisiones. Decía a sus hijos que podían ser vistos, pero no oídos. Hoy, como persona adulta, esposa, madre y trabajadora, se siente incómoda cuando tiene que tomar decisiones. Charlie estuvo muchos años trabajando de oficial administrativo no comisionado en el Ejército de Estados Unidos. Estudiaba y seguía las reglas del Ejército religiosamente. En su primer empleo civil después de su jubilación, no pudo trabajar eficientemente porque no su empresa no tenía reglas escritas equivalentes que pudieran guiarlo.

A Sandra, compradora de vestidos para adolescentes de una boutique local, su jefe le pidió que comentara un desfile de moda y se quedó horrorizada. Hablar con los clientes uno a uno era rutinario y se sentía cómoda, pero hablar con un grupo la sacaba de su zona de confort. Su jefe le sugirió que hiciera el Curso Dale Carnegie para tratar con este problema.

Dale Carnegie desarrolló un método para ayudar a los participantes de sus cursos a superar este malestar, y consistía en hacer que cada miembro del aula hablara al menos una vez en cada clase ante un público agradecido y alentador. Este método ha dado buenos resultados a los miles de participantes de los programas de entrenamiento de Dale Carnegie durante más de noventa años. También funcionó con Sandra, que ahora comenta los desfiles de moda varias veces al año, y los cumplidos que recibió de su jefe y sus clientes por su actuación aumentaron su autoestima.

Estrategias para desarrollar confianza en uno mismo

Las siguientes estrategias pueden ayudar a superar los patrones de pensamiento contraproducentes.

Autoaceptación

La autoaceptación surge de nuestra capacidad para aceptarnos como seres humanos al mismo tiempo que nos centramos en nuestros aspectos positivos –nuestras cualidades, fortalezas y rasgos– que nos hacen ser como somos. Cuando nuestro punto de mira se halla en estas áreas de nuestra imagen, influimos positivamente sobre nuestra confianza en nosotros y nuestra autoestima. Es muy común que las personas se centren en sus debilidades en lugar de sus fortalezas, y así hacen más daño que bien. Debemos ayudarnos a nosotros y a los demás a centrarnos en los aspectos positivos.

Centrarnos en nuestros logros

El aspecto clave es concentrarnos en nuestros éxitos y logros pasados y respetarnos por lo bueno que hemos hecho previamente. Es mucho más fácil preocuparse por los fracasos cuando los demás sólo están ansiosos por señalárnoslos. Cuando pasamos el tiempo contemplando los muchos logros que todos hemos conseguido en nuestra vida, primero cambia la perspectiva y luego vamos fortaleciendo la confianza en nosotros mismos.

Un método valioso para conseguirlo es crear un inventario de éxitos y logros que hemos acumulado a lo largo de nuestra vida. Al principio tal vez resulte difícil reunir una lista tan completa como nos gustaría, pero con perseverancia podremos seguir añadiendo más éxitos a nuestra lista y a nuestra confianza.

Henrietta, representante de ventas de una empresa de inmobiliarias en Orlando, Florida, recibió una carta de una clienta que expresaba su agradecimiento por haberla ayudado a encontrar su «casa ideal». Henrietta se la enseñó orgullosamente a todos los trabajadores de su oficina. Su jefe le aconsejó que creara un archivo en el que poder colocar esta carta y las demás que consiguiera con el tiempo. Dijo: «Será tu "Archivo de Logros". Estas cartas te animarán cuando las cosas no vayan bien. Nos muestran que lo que hicimos con anterioridad lo podemos hacer de nuevo».

Henrietta siguió su consejo, pero como no todos los triunfos iban acompañados de una carta, añadió un «Registro de Logros», en el que enumeró sus logros importantes: el cierre de una venta difícil, la obtención de los derechos de las primeras ventas de casas nuevas de una importante empresa de construcción, la consecución del mayor número de ventas del mes en la oficina, etc.

Todos pasamos por períodos bajos y depresiones, y Henrietta no era una excepción. Cuando fracasaba una venta que estaba a punto de firmarse, cuando se enfrentaba a un período de escasez o cuando simplemente se sentía deprimida, abría su «Archivo de Logros» y releía aquellas cartas y revisaba los apuntes de su registro. Esta acción le devolvía confianza en sí misma y la motivaba para regresar a su verdadero yo.

Darnos un discurso motivacional

Cuando sumemos las dos categorías anteriores y creemos un diálogo interior que se acompañe de evidencias, nos daremos cuenta de que estamos empezando a creernos el testimonio. Cuando un equipo deportivo se está quedando atrás, su entrenador les da un discurso a sus jugadores para levantarles la moral. Nosotros somos nuestros propios entrenadores, por lo tanto, debemos darnos la charla a nosotros mismos. ¿Qué decimos? Debemos crear un argumento capaz de superar toda evaluación debido al peso de su evidencia. Cuanto más potente y convincente sea la evidencia, más creíble y poderoso será el mensaje. Es un debate interno que todos debemos tener de vez en cuando. Se trata de una herramienta para retomar el control de lo único de lo que tenemos un control supremo todo el tiempo: nuestro pensamiento. En otras palabras, debemos psicoanalizarnos para restaurar la confianza en nosotros mismos.

Después de que Henrietta revisara su archivo de logros, creó un diálogo interior basado en la evidencia de ese archivo. Se lo repitió una y otra vez a sí misma y, del mismo modo que los entrenadores motivan a sus equipos, ella se motivó a sí misma para renovar sus logros.

～

Hablarse a uno mismo cada hora del día puede convertir sus pensamientos en pensamientos de valentía y felicidad, en pensamientos de poder y paz. Hablarse a uno mismo de las cosas por las que tiene que estar agradecido puede llenar su mente de pensamientos de júbilo y alegría.

Dale Carnegie

～

Saber qué queremos y cómo podemos conseguirlo

1. Concentrarse en el objetivo que queremos lograr. No es suficiente con el mero hecho de decir: «Quiero un buen trabajo». Debemos definirlo. «Quiero trabajar de investigador de marketing con la oportunidad de demostrar que puedo ascender a la dirección.»
2. Crear un plan definido para cumplir nuestro deseo, y llevar en seguida este plan a la acción, tanto si estamos preparados como si no.
3. Escribir una declaración clara y concisa de nuestro objetivo y de lo que vamos a hacer para lograrlo.
4. Leer esta declaración escrita en voz alta, dos veces al día, una de ellas justo antes de dormir y la otra después de levantarnos por la mañana. A medida que leemos debemos ver, sentir y creer que ya estamos logrando el objetivo.

Las personas con confianza en sí mismas corren riesgos

Debemos considerar las nuevas experiencias como oportunidades para aprender en lugar de desafíos que se pueden ganar o perder. Así podemos abrirnos a nuevas posibilidades y aumentar nuestra aceptación. No hacerlo convierte toda posibilidad en una oportunidad para fracasar e inhibe el crecimiento personal.

Algunas personas nunca corren riesgos. Siempre van a lo seguro. Lo más probable es que siempre sean simplemente actores regulares y mediocres. Nunca conseguirán verdaderos logros. Al no considerar la posibilidad de que lo que respaldan podría no funcionar, evitan la «agonía de la derrota», pero nunca experimentan «la emoción de la victoria».

છ

Arriésgate. Toda la vida es un riesgo. La persona que llega más
lejos es generalmente la que está dispuesta a irse y se atreve a hacerlo.
El barco «seguro» nunca se aleja de la orilla.

Dale Carnegie

જ

La tortuga es una fortaleza con vida. Su imperioso caparazón la protege de todo tipo de daños. Sin embargo, si la tortuga quiere moverse, debe sacar la cabeza y el cuello del caparazón, exponiéndose así a los peligros del entorno. Como la tortuga, si queremos avanzar no podemos envolvernos con una protección perfecta. Debemos jugárnosla para progresar.

Arriesgarse no significa que uno deba ser temerario. Las personas razonables corren riesgos razonables, pero por definición, correr un riesgo puede salir mal. Los ejecutivos de empresas importantes corren riesgos con cada decisión que toman. Sin embargo, maximizan su probabilidad de tener éxito investigando y analizando antes de tomar la decisión. Pero cuando debe tomarse finalmente la decisión, el ejecutivo debe estar dispuesto a arriesgar la posible pérdida de dinero, de tiempo, de energía y de emociones. Sin arriesgarse no hay posibilidades de ganar.

Es el final de la novena entrada. Los Red Sox ganan a los Yankees por 2 a 1. Los dos primeros bateadores pierden su turno por no conectar con la pelota. Dave Winfield, el mejor bateador de los Yankees, está listo para batear. La pelota viene directamente por la base. ¡Zas! Un golpe limpio. Winfield corre a la primera base. La alcanza fácilmente. ¿Debería intentar ir a la segunda? En cuestión de microsegundos, Dave debe decidir si debería ir a lo seguro o correr el riesgo de intentar alcanzar la segunda base, que lo colocaría en posición de anotar. Si fracasa, termina el partido, pero si se arriesga aumenta la posibilidad de convertir una derrota en una victoria. Winfield es de los que se arriesgan y si hay una oportunidad para mejorar en vez de empatar, intenta un doble. Los campeones tienen confianza en sí mismos. En la vida, al igual que en los deportes, correrán riesgos. Esto es lo que los convierte en campeones.

En su libro Cómo dejar de preocuparse y empezar a vivir, Dale Carnegie aconseja que cuando uno se enfrenta a problemas: «Se pregunte: "¿Qué es lo peor que me podría ocurrir? Prepárate para aceptar lo peor; intenta mejorar lo peor».

Estos principios pueden utilizarse para determinar si se procede o no a correr el riesgo de adoptar un enfoque innovador, radical o simplemente distinto.

Gil Baker no había sido capaz de conseguir una cita con Stan Green, el gerente de compras de un cliente potencial. Le había llamado, escrito cartas e incluso se había sentado a esperarlo en las escaleras de su domicilio. Sus compañeros le habían aconsejado que se olvidara de Green y empleara sus energías y tiempo en buscar otros compradores. Pero Gil era testarudo. «Debe de haber alguna forma de conseguir la atención de Green.» Supo que Green iba a dar una conferencia en un taller industrial. «Si voy al taller —pensó Gil— me puedo acercar a él después de su charla, hacerle algunas preguntas y luego identificarme, para que al fin sepa quién soy.»

Su gerente de ventas y compañeros de trabajo se lo desaconsejaron. «Se pondrá tan furioso que nunca le volverá a dirigir la palabra a nadie de esta empresa.»

Gil respondió aplicando los principios de Dale Carnegie. «¿Qué es lo peor que me podría ocurrir? Que no haga negocios con nosotros. Esta posibilidad no es tan mala porque ahora tampoco está haciendo negocios con nosotros, por lo que no tenemos nada que perder.»

«Prepárate para aceptar lo peor: si no le causo una buena impresión en la reunión, dejaré de trabajar en este asunto. Trata de mejorar lo peor: si planeo cuidadosamente las preguntas, puedo demostrar que tengo un verdadero conocimiento de su empresa y esto puede superar su reticencia a verme.»

Al arriesgarse, Gil logró una posibilidad «inalcanzable» y abrió una cuenta muy rentable para su empresa.

Todos debemos arriesgarnos si queremos progresar en nuestros trabajos y en nuestra vida. Con un análisis cuidadoso podemos minimizar las probabilidades de fracasar, pero nunca podemos eliminarlas. Sin dolor no hay ganancias. Si siempre vamos a lo seguro tal vez evitemos este dolor, pero nunca sentiremos la gran alegría y satisfacción que resulta de superar los obstáculos y de lograr nuestros objetivos.

Agresivo versus asertivo

Existe una diferencia entre ser una persona asertiva y con confianza en sí misma y ser una persona arbitraria y agresiva. La mayoría de nosotros apreciamos la audacia y la confianza siempre que no suponga falta de sensibilidad. Muchas de las historias de éxitos personales y empresariales que conocemos son el resultado de la presión asertiva de un individuo o de un grupo de individuos. Sin embargo, parece haber muchas ideas erróneas sobre la asertividad y la agresividad o la pasividad. El comportamiento asertivo se ha definido como: «... defenderse a uno mismo de un modo tal que no viola los derechos fundamentales de otra persona».

El origen de la diferencia entre la asertividad y la agresividad es, en la mayoría de los casos, un asunto relacionado con la autoestima. Los principios de Dale Carnegie sobre las relaciones humanas encuentran el equilibrio. En lugar de «pisar a los demás» o que «los demás te pisen», proporciona una forma de «pisar con los demás» para lograr una ganancia o ganar un resultado. La comunicación asertiva es una forma de abordar las relaciones humanas combinando fuerza y sensibilidad.

La tabla siguiente (Figura 1) ilustra la diferencia entre un abordaje asertivo y con confianza en uno mismo y uno agresivo:

Agresivo versus Asertivo versus Pasivo

Agresivo	Asertivo	Pasivo
Centrado en sí mismo	Defiende sus propios derechos pero es sensible con los demás	Preocupado por los demás hasta el punto del perjuicio personal
A menudo está estresado y estresa a los demás	Encara las situaciones estresantes y sigue adelante	Está estresado interiormente pero puede no mostrarlo
A menudo manifiesta la agresividad como resultado de una baja autoestima	Necesita tener una buena imagen de sí mismo	A menudo manifiesta pasividad como resultado de una baja autoestima
Directo hasta el punto de ser inapropiado	Directo, honesto, buena comunicación	Indirecto y a menudo deshonesto

Agresivo	Asertivo	Pasivo
Puede desagradar y no ser respetado por los demás	Normalmente respetado por los demás	A menudo agrada a los demás, pero no siempre
Desprecia a los demás	Alaba a los demás	Alaba a los demás a expensas de sí mismo
Siente la necesidad de controlar todo y a todos menos a sí mismo	Está dispuesto a hacerse responsable de sus propias acciones y de las de los demás	Tiene responsabilidad de sí mismo pero no de los demás
Polémico: obliga a los demás a seguir la polémica	Suele predicar con el ejemplo, no busca ni evita la confrontación	Evita las confrontaciones, pide disculpas demasiado a menudo
Es restrictivo	Es flexible con las directrices	Tiene directrices estrictas para sí mismo pero no para los demás
Mordaz	Abierto, aunque sensible y educado	Reservado, indirecto, cohibido
Extremadamente directo: exige ideas a los demás	Directo, pero considerado	Evita expresar sentimientos y pensamientos
Exige	Pide	Desea

Ayudar a los demás a aumentar su autoestima

Como padres, podemos ayudar a nuestros hijos a confiar en sí mismos y a construir su autoestima. Como jefes, podemos ayudar a nuestros trabajadores a tener confianza en sí mismos y a aumentar su autoestima. Como profesores o entrenadores, podemos ayudar a nuestros alumnos o equipos a que confíen en sí mismos y a construir su autoestima. Podemos enseñarles a creer en sí mismos. Podemos darles la oportunidad de expresarse.

Harvey Mackey, fundador y director de Mackey Envelope Co. y autor de muchos libros sobre autosuperación, dijo en una entrevista en *Personal Excellence*:

«Finalmente, es importante proporcionar a los demás la sensación de que son importantes. En un entorno hostil, todos se sienten víctimas. En uno afectuoso, las personas sienten que tienen el mismo valor; tal vez no el mismo poder, pero sí la misma valía. El trabajador de una cadena de montaje tal vez no sea capaz de cumplir sus deseos del mismo modo que un alto ejecutivo, pero ambos tienen el mismo derecho a ser escuchados, del mismo modo que el hijo menor dispone del mismo tiempo para hablar durante la cena.

»Todo esto se concreta en un mensaje alto y claro. Eres especial y los demás nos preocupamos por ti. Para que tu hijo y tu empleado tengan éxito individualmente y su familia y la empresa prosperen, cada uno debe preocuparse del otro.»

Lo más importante

- Nunca permitirnos tener una idea mala, limitada y pobre acerca de nosotros mismos. No vernos nunca como personas débiles, ineptas y enfermas, sino como personas perfectas, completas, plenas.
- Nunca pensar en la posibilidad de enfrentarse a la vida como un fracasado o parcialmente fracasado.
- Declarar con firmeza que hay un lugar para nosotros en el mundo y que vamos a ocuparlo.
- Entrenarnos para esperar grandes logros de nosotros. Nunca admitir, ni siquiera por nuestra manera de ser, que estamos destinados a realizar pocos logros a lo largo de nuestra vida. Si practicamos y mantenemos un pensamiento positivo, productivo y opulento, esta actitud mental algún día nos hará un hueco y creará lo que deseamos.

- Nada vendrá hacia nosotros sin una causa suficiente, y esta causa es mental. Los pensamientos son fuerzas, y con ellos creamos nuestras condiciones y a nosotros mismos. Estas pequeñas fuerzas están constantemente cincelándose, moldeando el carácter, configurando la vida. No podemos escapar de nuestro pensamiento. Debemos ser como él.

- La autoestima es perecedera. Debe nutrirse y reforzarse constantemente. Se nutre con palabras, acciones, actitudes y experiencias, y la mantenemos con nuestra propia dedicación.

- Poner en práctica la sustitución de esas palabras negativas que nos decimos a nosotros mismos por palabras positivas. En lugar de palabras de desesperación, palabras de esperanza; en lugar de palabras de fracaso, palabras de éxito; en lugar de palabras de derrota, palabras de victoria; en lugar de palabras de preocupación, palabras de estimulación; en lugar de palabras de apatía, palabras de entusiasmo; en lugar de palabras de odio, palabras de amor, palabras de autoestima.

Capítulo 2

Volverse verdaderamente entusiasta

El entusiasmo es la dinámica de nuestra personalidad. Sin éste, todas nuestras capacidades yacen latentes; y se puede asegurar que casi todos los hombres tienen más poder que latente del que han aprendido a utilizar. Es posible que uno tenga conocimiento, buen juicio, facilidad para razonar bien; pero nadie –ni siquiera tú– lo sabrá hasta que descubra cómo pensar y actuar con el corazón.

Dale Carnegie

Si hay un ingrediente para el éxito que supera todos los demás es el entusiasmo. El entusiasmo es una emoción interna que impregna todo el ser. La palabra proviene del griego: *en,* que significa «dentro» y *theos,* que significa «Dios». Literalmente, la persona con entusiasmo tiene a Dios en su interior. Es un resplandor interno; una cualidad ferviente y espiritual que se halla profundamente en el interior de una persona.

Una actitud entusiasta es fundamental para la autorrealización. Nos lleva a manifestar pensamientos y acciones positivas, y crea una energía positiva que mejora nuestra relación con los demás, nuestra disposición a ideas nuevas e incluso nuestra salud. También es cierto al contrario. Dale Carnegie escribió que: «Nuestro cansancio normalmente no es por el trabajo, sino por la preocupación, la frustración y el resentimiento».

El entusiasmo por la vida inicia en nuestro interior el poder para cambiar nuestras vidas. Debemos centrarnos en el presente para nutrir este poder. El entusiasmo por la vida facilita nuestra capacidad para liberarnos de lamentos del pasado y preocupaciones sobre el futuro. No podemos cambiar el pasado. Podemos influir en las consecuencias futuras con un enfoque positivo y entusiasta hacia las oportunidades del presente.

Cuando nuestros pensamientos están propulsados por un entusiasmo por la vida, descubrimos que tenemos un poder ilimitado para desarrollar nuestro potencial único en los negocios, los deportes, la vida comunitaria o la familia. Con el tiempo, la culpa, el miedo y la preocupación se reemplazan por confianza y optimismo.

Dale Carnegie escribió: «Recuerda, la felicidad no depende de quién se es o de lo que se posee; depende exclusivamente de lo que uno piensa. Por lo tanto, empecemos cada nuevo día pensando en todas las cosas por las que debemos estar agradecidos. Nuestro futuro depende en gran medida de los pensamientos que tenemos hoy. Debemos tener pensamientos de esperanza, confianza, amor y éxito».

Los psicólogos afirman que las pruebas de CI tienen un defecto importante: no pueden calcular el «impulso emocional», el término psicológico del entusiasmo. Según los test de CI, una persona con una puntuación baja normalmente se considera que sólo es apta para trabajos de ínfima importancia, mientras que una puntuación alta se considera prácticamente una garantía de éxito. Sabemos que esta afirmación es errónea. Hemos visto personas con un CI bajo que de pronto «se iluminan» con una nueva idea o una nueva línea de trabajo, porque ésta creó en su interior el entusiasmo que las remite al gran éxito. También hemos sido testigos de lo contrario; hombres y mujeres muy inteligentes que no triunfan en la vida.

Cuando a Mark Twain le preguntaron el motivo de su éxito, éste contestó: «Nací entusiasmado».

En su libro, *The Excitement of Teaching,* William Lyon Phelps, un profesor de la Universidad de Yale, escribió: «Para mí, enseñar es más que un arte o una ocupación. Es una pasión. Me complace enseñar, igual que un pintor desea pintar, a un cantante le gusta cantar y a un poeta le agrada escribir. Antes de levantarme de la cama por la mañana, pienso con un deleite ferviente en mi primer grupo de estudiantes».

Una de las principales causas del éxito es la capacidad de mantener un interés diario en el propio trabajo, de tener un entusiasmo crónico y de considerar que cada día es importante.

El entusiasmo conduce a la acción

El desarrollo del entusiasmo en individuos, grupos, equipos deportivos, empresas y comunidades enteras resulta en acciones positivas, éxito y felicidad. Este aspecto puede observarse en las competiciones atléticas.

Algunas personas piensan que los vendedores, los trabajadores de servicios de atención al cliente y otros que están en contacto directo con el público son los únicos que deben ser entusiastas en su trabajo. No es cierto. El entusiasmo es un ingrediente esencial para el éxito de todos.

Edward, encargado del control de almacén de una empresa industrial de tamaño medio, supervisaba a un equipo de administrativos y almacenistas cuyo trabajo era rutinario, monótono y aburrido. En su empresa, el cambio de personal era continuo y la producción apenas rozaba los estándares establecidos. Nada de lo que había intentado para inspirar y motivar a sus trabajadores había funcionado, de modo que le pidió ayuda a Erica, la directora de recursos humanos.

Después de revisar sus notas, de observarlo durante un período de tiempo y de varias conversaciones largas, Erica descubrió que, a pesar de que Edward era competente a nivel profesional, carecía de entusiasmo por su trabajo. Por ejemplo, comunicaba las propuestas, las ideas y los planes de forma aburrida y trivial, lo cual no conseguía trasmitir entusiasmo a los trabajadores.

Erica investigó más profundamente para determinar el origen de esta actitud. Al principio pensó que sufría el síndrome de desgaste profesional, pues había realizado el mismo trabajo durante varios años. Sin embargo, resultó que adoraba su trabajo, la empresa y a las personas con las que trabajaba. Su problema provenía de su propia naturaleza modesta y precavida. Admitió que no tenía el mismo ánimo y entusiasmo que sus compañeros.

Aconsejado por Erica, se matriculó en un curso de Dale Carnegie. La puesta en práctica de lo que aprendió cambió la manera de Edward de enfocar su trabajo. Volvió a animar a sus trabajadores y juntos desarrollaron nuevas ideas que mejoraron la producción, aumentaron su moral y redujeron el cambio de personal.

Mary Kay Ash, fundadora de Mary Kay Cosmetics y una de las personas con más capacidad para motivar en el mundo de los negocios, lo resumió del siguiente modo:

«Un buen jefe es aquel que genera entusiasmo. Muchos individuos con talento fracasan por la falta de entusiasmo... Por este motivo la dirección debe ser capaz de entusiasmar a sus empleados. Pero para conseguirlo, ellos mismos deben ser entusiastas.»

Cuando sir Edward Victor Appleton, que había recibido un premio Nobel en Física, fue nombrado rector de la Universidad de Edimburgo, la revista Time le envió un telegrama preguntándole si tenía alguna receta para triunfar. «Sí –respondió–, el entusiasmo. Para mí es incluso más importante que la capacitación profesional.»

Thomas A. Edison dijo: «Si una persona al morir pudiera trasferir su entusiasmo a sus hijos, les dejaría un patrimonio de incalculable valor». La experiencia demuestra que es cierto. Es más valioso que las posesiones, porque el entusiasmo no sólo proporcionará riquezas, sino también un gran entusiasmo por vivir.

El entusiasmo proviene del interior

El entusiasmo no está a flor de piel. Debe emanar del interior de una persona. Rara vez puede fingirse durante un período prolongado de tiempo. Una manera de crear una oleada continua de entusiasmo es fijarse un objetivo y esforzarse por conseguirlo, y cuando se cumple fijarse otro y hacer lo mismo. La emoción y el desafío que proporciona no hacen sino mantener el entusiasmo de la persona.

Algunas personas, cuando se sienten deprimidas, cantan para sí mismas para vencer su tristeza. Al actuar con felicidad restablecen su felicidad. El mismo principio se puede aplicar al entusiasmo. Si estimulamos el ánimo y el entusiasmo por nuestro empleo y por otras facetas de nuestra vida, por lo general nos hallaremos estimulados precisamente con el tipo de impulso emocional que estamos buscando.

ॐ

¿Cómo podemos volvernos entusiastas? Diciéndonos lo que nos agrada respecto a lo que estamos haciendo y pasar rápidamente de la parte que no nos gusta a la parte que sí. Entonces, actuar de manera entusiasta; contárselo a alguien; hacerle saber por qué nos interesa.

Dale Carnegie

ॐ

Generar entusiasmo

Muchos empleos son monótonos, rutinarios, aburridos y difíciles para mantener una actitud entusiasta ante ellos. Sin embargo, resultan esenciales para el funcionamiento de la empresa y la mayoría de nosotros debemos enfrentarnos a este tipo de trabajos, especialmente al inicio de nuestra vida profesional, cuando figuramos en los escalones inferiores de la empresa. Una manera de superarlo es encontrar algo de nuestro trabajo que nos pueda entusiasmar.

El primer empleo de Carol después de graduarse en la Facultad de Derecho fue de ayudante en un bufete de abogados. Tenía pavor de la monotonía y del tiempo que conllevaba investigar pleitos en la Biblioteca de Derecho, pero si no lo hacía, su empresa no podría prepararse adecuadamente el juicio en el que estaba trabajando. ¿Qué beneficio obtendría de hacer ese trabajo necesario pero aburrido? Carol se dio cuenta de que se trataba del primer examen de su capacidad como nueva abogada de la empresa. Concentrándose en cómo encontrar información importante del caso, se entusiasmó con la búsqueda de estos detalles y se volvió realmente entusiasta con la tarea.

Volverse experto en la materia

Debemos aprender lo máximo que podamos sobre la materia. El aprendizaje conduce al conocimiento, y normalmente genera entusiasmo en relación a los asuntos aprendidos.

Cuando contrataron a Andy para ser el asistente de supervisor de la ciudad,[1] esperaba participar en la resolución de muchos de los problemas políticos que había en el municipio. Sin embargo, su jefe le asignó un trabajo muy rutinario, que consistía en verificar si los formularios se habían rellenado correctamente, en asegurarse de que los documentos se procesaban bien y otras tareas similares.

Después de unos meses, Andy le reclamó al supervisor de la ciudad: «El trabajo que me pides lo podría hacer un piltrafa sin estudios. Soy graduado universitario y puedo ser mucho más eficaz en la oficina si me das tareas de más nivel».

El supervisor le contestó: «Andy, te contraté porque sé que puedes ser de gran ayuda en asuntos importantes, pero comprender las bases de lo que hacemos aquí te dará los fundamentos necesarios para asumir más responsabilidades. En vez de ver estas tareas como simples minucias administrativas, estudia lo que representan, por

---

1. Cargo electivo que se lleva a cabo en el estado de Nueva York. *(N. de la T.)*

qué son necesarias y cómo se relacionan con el tranquilo funcionamiento de nuestra oficina».

Andy siguió su consejo. En lugar de verificar simplemente su precisión, estudió el material, preguntó sobre él y aprendió tanto como pudo acerca del proceso que se seguía para resolver cada asunto. Al poco tiempo esperaba con impaciencia cada día y las novedades que aprendería.

ᘓ

La manera de entusiasmarse es creer en lo que se está haciendo
y en uno mismo, y querer lograr algo definido. El entusiasmo seguirá
como la noche al día.

Dale Carnegie

ᘒ

Probar un enfoque distinto

Alfred M. representa a una empresa que alquila grúas a contratistas en Sudáfrica. Ha relatado cómo aplicó el concepto de entusiasmo para abrir una de las cuentas más difíciles de su industria.

El cliente, a quien llamó «señor Smith», siempre era descortés y normalmente tenía muy mal genio. Después de dos llamadas en las cuales Smith se negó a escuchar su presentación, Alfred estuvo a punto de rendirse, pero acordó no perder su entusiasmo e intentarlo una vez más.

A través de la puerta entreabierta de la sala de espera, Alfred vio a Smith en su oficina insultar y criticar a otro vendedor. Prácticamente lo empujó fuera de su oficina y gritó: «¡Siguiente!».

En palabras de Alfred: «Entré en su oficina y me gritó: "Otra vez usted, ya le he dicho que no. ¿Por qué me está estorbando?". Antes de que pudiera decir nada más, sonreí y sin el temblor en la voz que la mayoría de los vendedores tenían cuando se dirigían a él, dije de la manera más entusiasta: "Quiero todo su negocio de alquiler de grúas".

»Se quedó detrás de su escritorio durante unos quince segundos sin decir nada. Me miró de un modo extraño y dijo: "Siéntese allí y espéreme", y se marchó de la sala. Cuando regresó media hora más tarde, me miró con curiosidad y gruñó: "¿Por qué está todavía aquí?". Le contesté que tenía un buen negocio para él y que no iba a marcharme hasta poder explicárselo. El resultado fue un pedido de ocho mil euros mensuales con un contrato de un año con bastantes posibilidades de hacer más negocios».

Diálogo interior

En el capítulo anterior hemos hablado de que darse a uno mismo un discurso motivacional es una manera efectiva de ganar confianza en sí mismo. También sirve para generar entusiasmo por lo que estamos haciendo.

El objetivo de Lisa era obtener un puesto de secretaria médica. Realizó el curso necesario y se dispuso a buscar un trabajo. Después de varios rechazos a causa de su falta de experiencia, Lisa se desanimó. Cuando se dirigía a la siguiente entrevista, se detuvo antes de entrar en el edificio. «¿Qué sentido tiene? Va a ocurrir más de lo mismo.» En lugar de rendirse, Lisa se dio un discurso motivacional. «Quiero este trabajo y tengo los conocimientos técnicos. En la escuela era la mejor de la clase. Soy una trabajadora diligente y atenta. Puedo hacer este trabajo y ser una empleada muy valiosa para el médico.» Repitió este discurso en su mente una y otra vez mientras esperaba al médico. Su entusiasmo se vio reflejado en sus respuestas a las preguntas del médico y consiguió el empleo.

Unos meses más tarde, el médico le confesó que cuando vio en su solicitud que no tenía experiencia laboral, decidió hacerle una entrevista sólo por cortesía y luego rechazarla. Sin embargo, le impresionó tanto su entusiasmo, que se convenció de darle una oportunidad. Lisa se llevaba este entusiasmo al trabajo y se convirtió en una secretaria médica muy exitosa.

ↄ

El entusiasmo no es simplemente una expresión externa. Trabaja desde el interior. El entusiasmo nace de un placer genuino por alguna fase de lo que uno está llevando a cabo.

Dale Carnegie

ↄ

El entusiasmo puede vencer las adversidades

Andrew Grove es un hombre cuya superación de la adversidad se alimentaba de gran entusiasmo. Nacido en Hungría, primero fue perseguido por los nazis en la Segunda Guerra Mundial y posteriormente por los rusos cuando invadieron Hungría en 1956.

A los veinte años huyó a Estados Unidos con tan sólo unos pocos dólares en el bolsillo y muy poco conocimiento del inglés. A pesar de los muchos infortunios, nunca perdió su entusiasmo por aprender y triunfar en la vida. Trabajando en cualquier empleo que encontrara, se matriculó en el City College de Nueva York y se licenció en ingeniería química. Posteriormente obtuvo un máster en ciencia y un doctorado por la Universidad de California en Berkeley.

Andrew Grove ha desempeñado tal vez el papel más fundamental en el desarrollo y la popularización de la innovación más destacada del siglo XX: el PC. Las tecnologías impulsadas por Andrew y sus socios, primero en la empresa Fairchild Semiconductor y posteriormente en Intel Corporation, de la que fue cofundador en 1968, hicieron posible la completa revolución del ordenador personal. El mundo apenas ha empezado a rascar la superficie de los beneficios tecnológicos y económicos que puede acarrear esta revolución.

Andrew no ha sido ajeno a los problemas y los contratiempos, pero siempre se las ha arreglado para conservar su entusiasmo y mantener su atención en lo que es importante y en lo que mejor sabe hacer: desarrollar tecnología cada vez más rápida, más económica y más poderosa.

Gracias en gran parte a la genialidad y la visión de Andrew Grove, millones de personas ahora tienen un acceso instantáneo y asequible a los tipos de información y entretenimiento con los cuales las élites de las generaciones previas sólo podían soñar. En 1997, la revista *Time* eligió a Andrew Grove como la persona del año.

Hace unos años Andrew se enteró de que tenía cáncer de próstata, y se dispuso a luchar con la misma energía y entusiasmo que utilizó para sacar adelante la empresa Intel. Mientras escribo esto él está ganando la batalla.

Andrew nos ha demostrado que la oportunidad de triunfar y enriquecerse no está restringida por las adversidades, las persecuciones o la pobreza. Con visión, entusiasmo y dedicación, uno puede hacer de su sueño una realidad y cumplir grandes logros. Los contratiempos –tanto si se trata de problemas empresariales o de enfermedades graves– pueden superarse si tenemos entusiasmo para hacer frente a ellos.

Dale Carnegie se quedó tan fascinado por el siguiente poema del filósofo estadounidense del siglo XIX Samuel Ullman, que colgó una placa con dicho poema sobre su escritorio. El general Douglas MacArthur tenía el mismo poema en un cuadro en su oficina:

> Uno es tan joven como la fe que tiene,
> Y tan viejo como sus dudas;
> Tan joven como la confianza que tiene en sí mismo
> Y tan viejo como sus temores;

Tan joven como sus esperanzas,
Tan viejo como su desesperación.
Los años tal vez arruguen la piel,
Pero renunciar al entusiasmo
Arruga el alma.

Actitud

Un requisito previo para convertirse en una persona entusiasta y capaz de motivarse a sí misma es creer que las cosas mejorarán y no al contrario; que uno va a tener éxito y que no fracasará; que no importa qué pueda o no ocurrir porque seguirá siendo feliz.

No hay nada más provechoso que disponer de esta actitud optimista y expectante –la actitud que siempre busca y espera lo mejor, lo máximo, lo más feliz– y no permitirse nunca ponerse de un humor pesimista y desalentador.

Debemos creer que siempre haremos lo que se supone que debemos hacer. Ni por un instante debemos tener dudas acerca de ello.

Independientemente de lo que tratemos de hacer o ser, siempre deberíamos adoptar una actitud expectante, esperanzadora y optimista. Nos permitirá madurar todas nuestras facultades.

Las personas que triunfan se proporcionan a sí mismas tratamientos prósperos y exitosos a base de animarse a sí mismas y de tener pensamientos positivos, de manera que se vuelven inmunes a todos los pensamientos negativos y desalentadores.

El único mundo del que sabremos algo, el único mundo verdadero para nosotros en este instante es el que podemos crear mentalmente: el mundo del que somos conscientes. El entorno que moldeamos a partir de nuestros pensamientos, creencias, ideas y filosofía es el único en el que viviremos. Mañana llegarán otros estímulos y nuevas ideas. Hoy deberíamos llevar a cabo la inspiración del momento.

Ningún ser humano ha logrado jamás tener éxito intentando ser otro, incluso a pesar de que esta persona haya tenido éxito. El triunfo no se puede copiar; no se puede imitar exitosamente. Es una fuerza original, una creación individual.

El entusiasmo, o proviene de nuestro interior, o no proviene de ninguna parte. Debemos ser nosotros mismos. Debemos escuchar la voz interior. Se puede mejorar en cualquier profesión, en cualquier oficio y en cualquier negocio. El mundo quiere personas que puedan hacer cosas de maneras nuevas y mejores. No debemos pensar que porque nuestro plan o idea no tenga precedentes o que porque seamos jóvenes e inexpertos no se nos escuchará. Las personas que tengan algo nuevo y valioso para ofrecer al mundo serán escuchadas y seguidas. Las personas que se atreven a tener sus propias ideas y a crear sus propios métodos, que no tienen miedo de sí mismas y no son una copia de nadie más, rápidamente consiguen el reconocimiento de los demás. Nada puede atraer la atención de un empresario o del resto del mundo tan rápidamente como la originalidad y las formas singulares de hacer las cosas, especialmente si son efectivas.

Controlar nuestros pensamientos

Teniendo en cuenta que nuestra mente gobierna todo nuestro mundo, su potencial se ha descuidado y malinterpretado de un modo único. Aun cuando se ha rendido homenaje a su poder, se ha tratado como algo inalterable, una herramienta que sólo podía usarse si alguien nacía con el ingenio para hacerlo. En los últimos años, se ha estudiado y comprendido cada vez más el control del pensamiento y su uso para modificar el carácter ya formado de una persona, e incluso para cambiar el entorno externo, o por lo menos su efecto, y para traer salud, felicidad y éxito.

Un hombre fuerte hipnotizado en la creencia de que no puede levantarse de la silla es, en realidad, incapaz de lograrlo hasta que se elimina el hechizo. Una mujer frágil, nerviosa por la necesidad de salvar una vida, puede levantar a una persona más pesada que ella y sacarla de un incendio o de una inundación. En los dos casos es la actitud mental y no la capacidad física la que determina el resultado, aunque ambas acciones sólo las puedan realizar los músculos.

Cuando la tarea a realizar consiste en gran parte o totalmente en actos mentales, como ocurre en la mayoría de éxitos sonados, tanto mayor debe ser el poder determinante del pensamiento. Los conquistadores del mundo, ya sea en los campos de batalla, en los negocios o en las luchas morales, han ganado por la actitud mental con la que abordaron la tarea que tenían que hacer.

No hay certeza en presencia de la duda. Hasta que no eliminemos la «suerte», los «no puedo» y las «dudas» de nuestro vocabulario, no podremos prosperar. No podremos fortalecernos si albergamos la convicción de que somos débiles, ni ser felices si nos mortificamos por las desgracias o los infortunios.

Es imposible que podamos llegar a estar sanos y fuertes si siempre pensamos y hablamos de nuestra mala salud y no esperamos llegar a ser personas robustas o sanas. Tampoco podemos esperar que nuestra facultad de mando sea fuerte y vigorosa si siempre dudamos acerca de nuestra capacidad para llevar a cabo lo que emprendemos. Nada debilita más la mente y la incapacita para pensar con claridad que pensar constantemente en su debilidad o dudar de la propia capacidad para lograr lo que uno se propone.

No puede haber estudio más importante ni deber más imperioso para con nosotros y quienes nos rodean que el control del pensamiento, el autocontrol, que impulsa nuestro autodesarrollo. Quizás porque el pensamiento en sí es intangible, y porque en realidad la mayoría de nosotros apenas tenemos control sobre él, da la sensación de que la dirección de la acción mental es un asunto difícil y abstruso, algo que requiere mucho estudio, tiempo libre y saber literario. Nada más lejos de la verdad. Todos tenemos en nuestro interior lo necesario para rehacer nuestra naturaleza intelectual y optimizar nuestras vidas.

Poner en práctica el entusiasmo

Tener fe en uno mismo nos permite ser entusiastas con nuestras actividades y lograr resultados, porque elimina el miedo, las dudas y la incertidumbre. La mente no puede actuar con vigor en presencia de dudas. Debe haber certeza para que haya eficiencia.

Debemos concentrarnos en nuestro objetivo, ver el premio ante nosotros como si ya lo hubiéramos ganado mientras somos altamente conscientes todo el tiempo de que nos acercamos a su consecución. Esta actitud generará el entusiasmo que nos ayudará en nuestro camino. Uno por uno, los obstáculos se desvanecerán, y lo que antes parecía demasiado pesado para la fuerza humana, ahora parecerá sencillo, incluso simple. El requerimiento más importante de todos es no perder de vista el objetivo y no dejar que el interés decaiga o que la visión interior flaquee.

El entusiasmo por sí solo no va a lograr resultados. El trabajo externo debe seguir a la contemplación interna. Los deseos por sí solos no nos eximirán de la necesidad de esforzarnos, pero constituyen un medio para revelarnos qué esfuerzos debemos realizar y cómo debemos hacerlo.

Diez técnicas que han demostrado poder engendrar entusiasmo:

1. Establecer un objetivo principal firme: el aspecto de nuestro trabajo o de nuestra vida en el que queramos ser más entusiastas. Escribir una descripción clara de este objetivo y de nuestro plan para conseguirlo.

Cuando Harry fue elegido encargado de la campaña de recaudación de fondos de su centro social, su objetivo fue trasmitir el mismo entusiasmo que él tenía sobre el proyecto a los demás miembros del centro y, de paso, a todos los afiliados de la organización. Pensó detenidamente su plan de acción, lo publicó en el boletín de la organización y envió copias por correo electrónico a todo el comité. Ahora, todos los participantes conocían su plan y cómo podían ayudar a lograrlo. Pero, más importante, hizo copias grandes y las colgó en el espejo de su baño, en la nevera de su cocina y en la pared junto a su escritorio para no perder de vista su plan y mantener su entusiasmo.

2. Atacar el plan con un deseo ferviente de que funcione. Nunca dejar que decaiga nuestro entusiasmo. Pensar en ello cada día y cada noche. Dejar que se convierta en el pensamiento dominante de nuestra mente.

3. No postergarlo. Ponerse manos a la obra inmediatamente para llevar a cabo nuestro plan. Harry se reunió con su comité y juntos diseñaron un plan de acción indicando quién haría qué, la agenda y los resultados esperados.

4. Establecer los procedimientos a seguir. Con demasiada frecuencia, los mejores planes salen mal porque no son más que palabras y nadie revisa el progreso. Cuando no sucede lo que se ha planeado, el entusiasmo del comienzo empieza a desaparecer. Harry estableció puntos de control de modo que cada miembro pudiera revisar sus propias actividades.

5. Es muy probable que ocurran contratiempos e inconvenientes. Hay personas que pierden su entusiasmo cuando las cosas no van bien. En estos momentos es cuando nuestro entusiasmo actúa como una descarga de adrenalina y nos da energía para luchar y corregirlo. Tal vez sea necesario cambiar la dirección, pero no tiene por qué. Debemos evaluar qué salió mal. Quizás requiera ajustes menores, pero si se trata de problemas graves,

tenemos que volver a examinar lo ocurrido. Sin embargo, si descubrimos que nos hemos desviado demasiado del camino, puede ser necesario reconsiderar el plan y reescribirlo. Si mantenemos nuestro entusiasmo, nos enfrentaremos a ello como si se tratara de una oportunidad emocionante en lugar de una tarea desagradable.

6. No estamos solos. Del mismo modo que un equipo deportivo tiene a sus animadoras, necesitamos una «brigada animadora» que nos aplauda cuando ganemos y nos estimule cuando nos quedemos atrás. Sin embargo, contrariamente a las animadoras universitarias, deberíamos elegir hombres y mujeres que no sólo sean optimistas, sino que tengan conocimiento y experiencia para poder ayudarnos en nuestros intentos. Harry tenía un mentor, que lo había guiado en su carrera profesional y nunca había dejado de animarlo cuando las cosas no iban bien. Con ayuda de su mentor, reunió un grupo de personas que tenían experiencia previa en la recaudación de fondos para guiarlo cuando pasaba por momentos difíciles.

7. Tener cuidado con los pesimistas. El mundo está repleto de personas negativas, hombres y mujeres que siempre predicen fracasos. Condenan cualquier esfuerzo y cuando suceden imprevistos, en lugar de ayudar, nos dicen: «Ya te lo advertí». Debemos mantener a estas personas alejadas de nuestro comité o equipo. Si estamos obligados a trabajar con personas así, deberíamos rodearnos de personas optimistas que puedan contrarrestar su negativismo.

8. Fijar el hábito de ser entusiastas. Los hábitos necesitan refuerzos. No debemos dejar que pase ni un solo día sin dedicar un poco de tiempo a promover el plan.

9. Nunca renunciar a la idea de que conseguiremos nuestro objetivo, independientemente de lo lejos que nos parezca este momento. Cuando el entusiasmo esté decayendo, un «discurso interno motivacional» lo reforzará.

10. Ser positivos en todo momento. El entusiasmo prospera en esperanza, confianza, altruismo, seguridad y tolerancia. Si mantenemos esta actitud positiva, nuestro proyecto avanzará con total certeza.

Ralph Waldo Emerson, considerado el mejor de los filósofos americanos, vio el valor del entusiasmo. En uno de sus ensayos escribió: «Cualquier momento grande e importante en los anales del mundo es el triunfo del entusiasmo».

Lo más importante

- El entusiasmo es el secreto poco reconocido del éxito.
- Fijarse un objetivo y esforzarse por conseguirlo, y cuando se cumpla, fijarse otro objetivo y hacer lo mismo. La emoción y el desafío que proporciona no hacen sino mantenernos entusiastas.
- Estudiar la materia. El aprendizaje conduce al conocimiento que proporciona entusiasmo por los temas aprendidos.
- Con mucho, los hombres y las mujeres más entusiastas son aquéllos capaces de motivarse a sí mismos. Somos nuestros mejores motivadores. Si creemos en nosotros y en nuestro inevitable éxito, en nuestro interior crearemos una fuente infinita de entusiasmo.
- Debemos adoptar siempre una actitud expectante, esperanzadora y optimista. Generará entusiasmo por cualquier asunto del que nos ocupemos.
- La fe en nosotros mismos nos permite ser entusiastas con nuestras actividades y obtener resultados, porque elimina el miedo, las dudas y la incertidumbre. La mente no puede actuar con vigor en presencia de dudas. Debe haber certeza para que haya eficiencia.

- Nunca debemos renunciar a la idea de que lograremos nuestro objetivo, independientemente de lo lejano que parezca este momento. Un «diálogo interno motivacional» ayudará cuando el entusiasmo empiece a menguar.

Capítulo 3

Establecer y lograr objetivos alcanzables

Todas las personas que han triunfado han empezado con un objetivo. Establecer objetivos y esforzarse para lograrlos es el primer paso que debemos dar en el largo camino hacia el éxito. Saber a dónde nos dirigimos y qué plan tenemos para llegar allí nos permitirá concentrar nuestro tiempo, energía y emociones y empezar por el buen camino para alcanzar esos objetivos.

Un buque cuyo timón esté roto tal vez pueda seguir navegando a toda máquina, pero nunca llegará a ningún lugar. Nunca llegará a ningún puerto a menos que sea por casualidad; y si encuentra uno, su cargamento puede no ser el adecuado para las personas, el clima o las condiciones. El buque debe dirigirse a un puerto determinado, para el cual se adaptó su cargamento, y donde hay demanda de ello, y debe dirigirse firmemente a este puerto a través del sol y la tormenta, a través de la tempestad y la niebla.

Así, una persona que vaya a triunfar, no debe ir a la deriva sin timón por el océano de la vida, pero tampoco debe dirigirse únicamente hacia su puerto de destino cuando el océano está tranquilo, cuando las corrientes y los vientos sean favorables, sino que también debe mantener el rumbo en contra del viento y de las tempestades, e incluso cuando se halla en las nieblas de la decepción y las brumas de la adversidad.

Empieza con un sueño

Empezamos con un sueño: ¿una visión del futuro? En el sueño somos ricos, famosos y felices. La mayoría de personas sueñan con un futuro así, pero en la mayor parte de los casos, eso es todo lo que será: un sueño.

Las personas que triunfan también han tenido estos sueños, pero los han convertido en objetivos y, a su vez, en realidad. Sin embargo, sus sueños no eran vagas esperanzas de triunfar, sino logros específicos a los que dirigirse. Edison soñó con un mundo en el que la energía eléctrica alumbraría la noche. Bill Gates soñó con un sistema informático que nos permitiría a todos —no sólo a las grandes organizaciones— utilizar el potencial de los ordenadores. Beethoven soñó con una música que haría elevarse el espíritu. Los grandes actores, artistas, músicos y escritores soñaron con tener fama, pero también con la forma en que emplearían sus talentos para lograr el éxito.

Soñar no está limitado a estos genios. Todas las personas que triunfan afirman que su éxito empezó con una esperanza, un sueño. Una y otra vez, cuando se ha preguntado a hombres y mujeres sobre sus logros, han afirmado que todo empezó con un sueño que los dirigió a un objetivo, y éste a su vez los condujo a un plan de acción e inevitablemente a su consecución.

Soñar no está limitado a las personas jóvenes. Nunca es demasiado tarde para tener un nuevo sueño que nos dirija a nuevos objetivos que nos lleven a nuevos éxitos. Es asombrosa la cantidad de personas que han tenido sueños a una edad más tardía y los han cumplido. Benjamin Franklin tenía más de cincuenta años cuando empezó a estudiar ciencia y filosofía. También Milton, ya ciego, cuando se sentó a completar su poema épico, El paraíso perdido.

Soñar no está limitado por los convencionalismos y los prejuicios de los tiempos. Durante muchos años, las mujeres han estado limitadas respecto a lo que podían intentar cumplir. Sus objetivos profesionales estaban circunscritos a lo que se consideraban «trabajos femeninos». Era necesario tener determinación y valentía para pensar siquiera en otras profesiones. Un ejemplo es Elaine Pagels, profesora de la Universidad de Princeton y autora de libros superventas sobre gnosticismo y cristianismo primitivo. Dijo haber estado educada en la época en que a las mujeres ni siquiera se las enseñaba a considerar profesiones serias. Ella se sintió libre de hacer lo que deseaba; sólo más tarde descubrió que podía ganarse la vida con ello. Su sueño se había convertido en su objetivo.

ↄ

¿Estás haciendo el trabajo que más te gusta? Si no, haz algo para cambiarlo.
Nunca lograrás el verdadero éxito si no te gusta lo que estás haciendo.
Muchas personas han tenido que probar muchas cosas antes de saber
lo que querían hacer.

Dale Carnegie

ↄ

Hoy en día muchas de estas barreras han desaparecido en la mayoría de las áreas profesionales. Por ejemplo, en las universidades estadounidenses de derecho, medicina y otras, por lo menos la mitad de los estudiantes son mujeres.

En el siglo XIX, Frederick Douglass, nacido en esclavitud, no dejó que su raza o condición de servidumbre le impidiera aprender a leer y escribir y finalmente convertirse en un líder de su gente. En el siglo XXI, Barack Obama rompió la barrera racial para convertirse en presidente de Estados Unidos.

Ni siquiera el intelecto es más importante que la voluntad. Las personas que vacilan siempre son apartadas de la carrera de la vida. Sólo aquellas personas con la voluntad de hierro y la determinación de que nada les dificultará el camino están seguras de que tendrán éxito con perseverancia y agallas. Los sueños se convierten en objetivos y éstos se convierten en logros para aquellos que se esfuerzan lo suficiente y durante el tiempo suficiente.

La mayoría de las cosas que hacen que la vida valga la pena, que nos han emancipado de la servidumbre y nos han alzado por encima de la vulgaridad y la fealdad —las grandes comodidades de la vida— se las debemos a nuestros soñadores.

Convertir los sueños en objetivos

Desafortunadamente, demasiados soñadores se quedan sólo en eso: en soñadores. Los sueños siguen siendo sueños. Cuando convertimos nuestros sueños en objetivos, dejan de ser fantasías y pasan a ser metas que podemos fijar ante nosotros como un mapa de carreteras hacia el éxito. Debemos aportar a nuestros sueños un propósito, una determinación de que vamos a hacer todo lo posible por hacer realidad ese sueño.

Una mujer que convirtió su sueño en un objetivo fructuoso es la diseñadora de moda Rachel Roy. La pasión de Rachel por la moda derivó de las películas que veía cuando era pequeña. Las prendas que llevaban las mujeres en la pantalla parecían otorgarles un aura de confianza y éxito. Rachel soñó que podría crear la misma aura para sí misma y otras mujeres, un aspecto sofisticado que crearía una autoestima positiva.

Ella y su familia iban de compras una vez al año. En una tienda de su ciudad, le inquietó la falta de prendas interesantes y se convenció de que si tenía la oportunidad, crearía mejores estilos. Su madre le dijo que éste era el trabajo de un encargado de compras. Ahora, le pudo poner nombre a su sueño: encargado de compras. En aquel momento, dijo, su sueño se convirtió en su objetivo: convertirse en encargada de compras en el campo de la moda.

Su primer trabajo fue de empleada de almacén. Pronto pasó a ser encargada, luego asistente de compras y más tarde estilista en diversas tiendas. En poco tiempo estaba diseñando moda y se hallaba en el camino hacia la dirección de la empresa.

Cuando su marido, Damon Dash, quiso empezar una nueva línea de ropa independiente, Rachel tuvo que tomar una decisión: abandonar su propia profesión exitosa para empezar una nueva con Damon. Decidió comenzar de nuevo, entregándose al trabajo, trabajando con todas sus capacidades, comprobando todo lo que hacía para contribuir e implicándose en todas las facetas del negocio posibles. Quería ser irremplazable. Seis años después, Rachel confió en que podía dirigir un negocio y fundó su propia empresa. La industria aclamó sus diseños y actualmente es considerada una de las diseñadoras pioneras de la industria de la moda.

Hay una distancia infinita entre los que desean y los que actúan. Rachel Roy era más que una soñadora y una persona que deseara. Convirtió su sueño en un objetivo y se esforzó mucho para conseguirlo.

El hábito de esperar que el futuro tenga grandes oportunidades para nosotros, que seremos prósperos y felices, que tendremos una buena familia, una casa bonita y una buena profesión, y que vamos a significar algo, es el mejor capital con el que comenzar nuestra vida.

Lo que tratamos de expresar persistentemente es lo que queremos lograr, aunque no parezca probable o siquiera posible. Si siempre tratamos de expresar lo ideal, lo visualizamos lo más vívidamente posible e intentamos lograrlo con todas nuestras fuerzas, es más probable que consigamos aquello que nos gustaría hacer realidad, tanto si es tener una salud de hierro, un carácter noble o una profesión excelente. Sólo cuando el deseo se cristaliza en resolución resulta efectivo. Es el deseo unido a una vigorosa determinación para lograrlo el que crea el poder creativo. Es el anhelo, el deseo y el esfuerzo lo que produce resultados.

Si deseamos mejorar en algún aspecto particular, debemos visualizar la cualidad lo más vívida y tenazmente posible y mantener un ideal superior en consonancia con nuestra ambición. Debemos tener esto constantemente en la mente hasta que sintamos su elevación y realización en nuestra vida. Hemos nacido para ganar, conquistar y liderar las vidas triunfantes. Deberíamos tener un éxito maravilloso en el trabajo que escojamos, en nuestras relaciones con los demás y en todas las demás fases de nuestra vida.

Si creemos, conseguiremos

La prosperidad empieza en la mente y es imposible conseguirla mientras se mantiene una actitud mental hostil. Es fatídico esforzarse por algo y esperar algo distinto, porque primero debe crearse mentalmente todo y porque está destinado a seguir su patrón mental.

No podemos prosperar si realmente creemos que seremos pobres. Tendemos a conseguir lo que esperamos, y no esperar nada significa no conseguir nada.

Si cada paso que damos es en el camino del fracaso, ¿cómo podemos esperar llegar al objetivo exitoso? Lo que anula los resultados de nuestros esfuerzos es mirar hacia el camino equivocado, hacia la perspectiva oscura, depresiva y desesperanzadora, incluso aunque estemos esforzándonos en la dirección opuesta.

Los pensamientos son imanes que atraen a sus similares. Si nuestra mente está preocupada por la pobreza y las enfermedades, acarreará pobreza y enfermedades. Es imposible crear precisamente lo opuesto de lo que tenemos en nuestra mente, porque nuestra actitud mental es el patrón que está forjado en nuestras vidas. Nuestros logros primero se consiguen mentalmente.

El miedo al fracaso, a las pérdidas económicas o a las posibles humillaciones impide a muchas personas obtener lo que desean, porque mina su vitalidad y, a través de la preocupación y la ansiedad, les impide llevar a cabo un trabajo creativo y efectivo necesario para tener éxito.

La actitud del optimista que en última instancia reformará el mundo es tener el hábito de observar todo de manera constructiva, desde un lado positivo y optimista, el lado de la fe y la garantía, en lugar del lado de la duda y la incertidumbre; el hábito de creer que ocurrirá lo mejor, de que lo correcto debe triunfar; y la fe de que la verdad finalmente conquistará el error, de que la armonía y la salud son la realidad, y la discordia y la enfermedad son su ausencia temporal.

Preparar el escenario para el éxito

No podemos depender de los demás para situarnos en el camino del éxito. Depende completamente de nosotros.

Antes de poder determinar qué objetivos nos permitirán empezar este viaje, primero debemos evaluarnos. Debemos buscar en el interior de nuestras mentes y extraer lo que realmente queremos de la vida y qué bazas tenemos para conseguir este objetivo.

Debemos ser realistas. Quizás queramos establecer un objetivo que parezca deseable, pero para el cual no estamos capacitados. Tal vez soñamos con ser una estrella de cine o un cantante de ópera, pero no tenemos el talento necesario. Nuestra profesión de ensueño puede abarcar áreas que no son factibles para nuestros intentos. Al contrario, podemos tener aptitudes y habilidades que no sabemos que tenemos y que nos pueden llevar a una profesión satisfactoria y provechosa.

¿Cómo podemos descubrirlo? Observando profundamente en nuestro interior. Una introspección cuidadosa lo sacará a la luz. La mayoría de adultos ya saben lo que pueden y no pueden hacer, lo que les gusta y lo que no. Tal vez no sea obvio, pero la introspección nos permite ir más allá de lo obvio y pensar profundamente sobre nosotros.

Un buen ejemplo de esto es Shonda Rhimes, creadora y productora ejecutiva de las series de televisión Anatomía de Grey y Sin cita previa. Ya cuando era niña sabía que se convertiría en una escritora creativa. Se inventaba historias y las grababa en una cinta de audio antes de que supiera escribir. Su madre la animó a trascribirlas y así las hizo reales.

Lo que tenemos que hacer es analizar sistemáticamente nuestra educación, experiencia previa, aficiones e intereses. Buscar esos aspectos de nuestra vida en los que hemos tenido éxito y de los que hemos conseguido satisfacción y alegría. Se trata de indicadores de las áreas en las que triunfaremos en el futuro. Pero éste sólo es el principio. Debemos mirar más allá de lo que hemos logrado y pensar en lo que podemos lograr.

Las personas triunfadoras saben desde el principio de su carrera profesional a qué fondos pueden recurrir. Debemos hacer un inventario de todas nuestras bazas y recursos disponibles. No sólo debemos observar lo que hemos logrado hasta ahora, sino también lo que sabemos que podemos lograr. La gran mayoría de personas jóvenes empiezan su carrera con muy poco conocimiento de sus capacidades mentales y normalmente las descubren poco a poco con el paso del tiempo.

Muchas personas jamás descubren más que un pequeño porcentaje de su capacidad y rara vez salen de sus puestos con salarios bajos y de bajo nivel. Caminan lenta y pesadamente en la mediocridad, pero tienen recursos, y su pudieran detectarlos ascenderían a posiciones superiores.

De algún modo nunca entran en contacto con el material adecuado para aumentar su ambición. No acceden al tipo de entorno que estimula la ambición o no entran en contacto con el material necesario para encender el gigantesco poder de sus virtudes ocultas.

La unidad del propósito

Las personas exitosas creen firmemente que uno debe comprometerse por completo con sus propios objetivos. Una resolución sin reservas encierra mucha fuerza; un propósito fuerte, persistente y tenaz que quema todos los puentes tras de sí, elimina todos los obstáculos de su camino y llega a su objetivo, independientemente de lo que tarde y del sacrificio y el coste.

Para triunfar tenemos que concentrar todas las facultades de nuestra mente en un objetivo inquebrantable, y tener tenacidad con nuestra meta, que nos llevará a la derrota o a la victoria. Cualquier otra inclinación que nos tiente debe suprimirse.

El desarrollo de objetivos razonables y alcanzables es el primer paso hacia el éxito, tanto en nuestra carrera profesional como en cualquier otro aspecto de nuestra vida. Debemos plantar en nuestra mente las semillas que nos permitan aceptar e implementar dichos objetivos.

Fijarse objetivos

Peter M. siempre supo que quería ser ingeniero. Cuando era niño, sus intereses principales eran mecánicos. En la escuela destacó en matemáticas y ciencia. Sus objetivos profesionales eran sólidos y los siguió a lo largo de sus años universitarios y de su mundo laboral.

La mayoría de nosotros no somos tan afortunados. Cuando somos niños sólo tenemos conceptos vagos de profesiones y a menudo «caemos» en nuestra carrera por casualidad. Sin embargo, nunca es demasiado tarde para fijarse objetivos, no sólo en nuestro trabajo y carrera sino en todos los aspectos de nuestra vida.

Elvira S. tuvo varios trabajos después de la universidad. Se especializó en marketing, pero su primer empleo en este campo la aburría sobremanera. Se cambió a ventas, pero no era feliz ni tenía éxito. Su siguiente trabajo, de asistente legal en un bufete de abogados, realmente la entusiasmó y despertó su interés de ser abogada.

Se fijó un nuevo objetivo a largo plazo: ser abogada penalista. Pidió un traslado en su empresa para trabajar para su abogado senior, que se encargaba de los asuntos penales. Iba a la facultad de derecho por la noche y pronto se graduó. Ahora se ha fijado el objetivo de trabajar en la oficina del fiscal del distrito hasta que tenga la suficiente experiencia para abrir su propio despacho.

ભ

Si uno no ha triunfado en algo que ha deseado mucho, que no se rinda y que acepte la derrota. Debe probar algo distinto. Hay más de una cuerda para su arco, aunque sólo si descubre esta cuerda.

Dale Carnegie

ભ

Pautas para fijarse objetivos

Para que los objetivos sean más que simples quimeras, deberían combinarse con los siguientes elementos:

- *Los objetivos deberían exponerse con claridad.* Indicar en términos claros lo que deseamos cumplir. Debemos ser específicos y firmes al describir el objetivo. Por ejemplo, decir: «Mi objetivo es ser el mejor vendedor de mi empresa» suena bien, pero es mejor ser más específicos: «Mi objetivo es lograr un volumen de ventas de tantos dólares para el siguiente año fiscal; y un 10 por 100 más cada año durante los próximos tres años». Ahora sabemos el objetivo y nuestra mente subconsciente nos ayudará a concentrar nuestros esfuerzos para alcanzar estas cifras.
- *Deben ser razonables.* Si las metas que nos hemos fijado no pueden lograrse, establecerse objetivos no tiene ningún sentido. Para asegurar la razonabilidad, podemos dividir el objetivo a largo plazo en subobjetivos alcanzables. Por ejemplo:

  Objetivo a largo plazo: exhibir mis cuadros en una galería de arte prestigiosa de aquí a tres años.

Objetivos intermedios: en diciembre del próximo año tener X lienzos completos; haber montado una exposición en una galería de arte local en julio del siguiente año; tener una reseña en una revista de arte en diciembre de este año.

- *Los objetivos deberían poder estimular.* Si nos fijamos una meta demasiado fácil de alcanzar, no nos motivará más que para hacer el mínimo esfuerzo. Deberíamos fijar objetivos que nos inspiren a seguir avanzando y a esforzarnos mucho más para conseguirlos. Los triunfadores reconocen que en cuanto han alcanzado un objetivo, inmediatamente deben fijarse otro que los obligue a seguir mejorando y madurando.
- *Los objetivos deberían basarse en la acción.* Si no anotamos las acciones que debemos emprender para lograr nuestros objetivos, éstos no se quedan más que en sueños. La acción requiere actividad mental, física y emocional. Mentalmente debemos estar preparados para pensar en nuestros objetivos en todo momento y en cómo debemos actuar para lograrlos.
- *Los objetivos deberían poderse medir.* No siempre es posible cuantificarlos. Algunos objetivos pueden mesurarse en términos financieros o en otros términos numéricos. Podemos establecer cifras de ventas que deseamos alcanzar a final de mes, de trimestre o de año, en términos de unidades de producto o de unidades de dólar. Podemos fijar objetivos de producción basados en la cantidad. Incluso los objetivos intangibles, que no pueden cuantificarse, pueden establecerse en términos mensurables. El principal objetivo puede dividirse en segmentos y horarios fijados para la consecución de cada segmento. De este modo, podemos calcular cuán cerca estamos de alcanzar cada uno de los segmentos y ajustar nuestras actividades para asegurarnos de que se cumplirán de manera oportuna.
- *Los objetivos deberían anotarse.* Una manera de asegurarnos de que los objetivos no se olviden o pierdan en nuestras ajetreadas vidas cotidianas es anotándolos. Debemos hacer una lista

de los objetivos a largo plazo; dividirlos en objetivos intermedios y a corto plazo. Escribirlos con letra grande y colgarlos donde los podamos ver cada día: sobre nuestro escritorio, en la nevera, en el espejo, etc. Leerlos, memorizarlos, releerlos y preguntarnos cada día: «¿Qué estoy haciendo para lograr estos objetivos?».

- *Los objetivos deberían ser flexibles.* En algunas épocas las circunstancias cambian y el objetivo que nos hemos fijado ya no es adecuado. Las condiciones económicas pueden ser desfavorables para iniciar una nueva empresa; las innovaciones tecnológicas pueden hacer que nuestro objetivo se quede obsoleto; podemos haber cometido errores en nuestra búsqueda y que el objetivo no sea factible. Todas estas situaciones no implican que nuestra meta deba abandonarse. Tal vez sólo requiera un nuevo pensamiento o más estudio. Si el lector se encuentra con una situación así, debe revisar qué ha ocurrido y hacer los ajustes necesarios.

    A menudo uno no logra conseguir un objetivo que se ha fijado. Es necesario no frustrarse ni darse por vencido. Debe revisar lo que ha sucedido, evaluar la situación y hacer los ajustes necesarios.

    Hugh había creído que lo ascenderían a gerente de la tienda después de haber sido subgerente durante dos años. No sucedió. En vez de sentirse frustrado, Hugh revisó la situación. Su empresa había abierto entre seis y diez tiendas nuevas cada año durante los últimos seis años y había basado su objetivo en la premisa de que su empresa seguiría abriendo varias tiendas nuevas cada año. El último año, el negocio no había ido bien y sólo habían abierto dos nuevos puntos de venta. Sin embargo, este año el negocio había mejorado y sabía que estaban considerando hacer nuevas aperturas. Al ajustar sus objetivos, extendió su calendario otro año y casi con total certeza lo conseguirá.

- *Los objetivos deberían ser extensibles.* En cuanto hemos alcanzado una meta, es aconsejable fijarnos otra que nos haga seguir mejorando y creciendo. Cuando Ben inició su programa de *fitness,* le dijeron que si nadaba treinta largos en media hora se mantendría en buena forma. No tardó mucho tiempo en lograr este objetivo. La mayoría de personas de su edad –casi sesenta años– se habría conformado con nadar a este ritmo, pero Ben calculó que si hacía treinta y seis largos en la piscina de veintitrés metros, equivalía a nadar más de ochocientos metros. Inmediatamente se esforzó para lograr este nuevo objetivo.

- *Dejar que los demás sepan nuestros objetivos.* En la mayoría de programas para perder peso se aconseja a los participantes que sus familias sepan cuánto peso pretenden perder y los mantengan informados de su progreso. ¿Por qué? Porque cuando compartimos nuestro objetivo con los demás, pueden apoyarnos y ayudarnos a alcanzarlo. Cuando estamos tentados a rendirnos, pueden animarnos para que continuemos.

Karen había abandonado los estudios cuando se casó, de manera que pudo trabajar hasta que su marido completó sus estudios. Más adelante, planeó regresar a la universidad y graduarse. El nacimiento de sus hijos cambió el plan. Ahora, diez años después, Karen ha sido capaz de retomar sus estudios. Encargarse de una casa, trabajar ocho horas diarias e ir a la universidad por las noches es duro. De vez en cuando, Karen siente que no merece la pena el esfuerzo, pero como su marido, hijos y amigos saben lo importante que es este objetivo para ella, la animan a seguir adelante.

- *Revisión del progreso.* No todos los objetivos se pueden cuantificar para que sean fácilmente mensurables, pero cuando es posible, cabe fijarse criterios y horarios concretos. Cuando no se pueden cuantificar, debemos desarrollar una forma de medir lo cerca que estamos de la consecución de nuestra meta.

Lee se fijó el objetivo de incrementar un 8 por 100 su volumen anual de ventas. Ello significaba que, por lo menos, debía abrir cuatro nuevas cuentas o aumentar las ventas de sus clientes actuales. Dividió mensualmente este objetivo de manera que pudiera comparar sus ventas con las que tenía actualmente. Si no alcanzaba sus metas mensuales, inmediatamente podría dar los pasos necesarios para retomar el camino.

Como directora de recursos humanos de su empresa, Kathy no podía fijarse metas cuantificables. Sus objetivos para los siguientes doce meses incluían la creación de un nuevo programa para operadores de procesadores de textos, estudiar e informar a la dirección sobre un nuevo tipo de paquete de prestaciones y el diseño de un sistema de evaluación del funcionamiento del personal administrativo y profesional.

Dividió cada uno de estos objetivos en segmentos y fijó horarios para cada uno. De esta manera, pudo medir lo cerca que estaba de alcanzar cada segmento y ajustar sus actividades para asegurarse de que a finales de año podría haberlos cumplido todos.

ૐ

Todos tenemos posibilidades que desconocemos.
Podemos realizar cosas que ni siquiera soñamos.

Dale Carnegie

ૐ

El proceso de planificación

Veamos un ejemplo de un establecimiento de metas efectivo. Pongamos que somos una distribuidora de artículos de ferretería que ha estado vendiendo sus productos a contratistas de obra. Nos gustaría expandir la empresa al mercado de consumo y vender en tiendas de material de ferretería y construcción en los grandes almacenes y franquicias de bajo coste.

He aquí un enfoque de ocho pasos que podríamos adoptar:

Paso 1: «Debería ser». ¿Qué deseamos cumplir?

Éste es el campo de aplicación del proyecto. Es una representación de lo que queremos en última instancia. Debería estar claramente expuesto y aceptado por todos los miembros de la dirección.

Paso 2: «Situación actual»

Examinar la situación actual. ¿Cuáles son nuestras fortalezas y debilidades en la venta de nuestros productos hoy en día?

Paso 3: Fijar objetivos

Ahora estamos preparados para definir y fijar metas realistas para llevar a cabo con éxito la aplicación del proyecto. Sin estos objetivos, vagaremos sin rumbo. Los objetivos deberían ser específicos en términos de procesos y recursos. ¿Cuánto tiempo y esfuerzo vamos a dedicar a los nuevos mercados y cómo va afectar esto a nuestro mercado actual?

Como he apuntado antes en este capítulo, deberían ser fácilmente mensurables a partir de datos objetivos. ¿Con qué cuota de mercado deberíamos trabajar cada uno de los cuatro trimestres del primer año del proceso?

Paso 4: Pasos a seguir

A fin de lograr nuestros objetivos, debemos establecer prioridades y desarrollar pasos específicos. Para cumplir las metas, los pasos deben incluir:

- Requerimientos del trabajo en términos de dinero, material y equipamiento.
- ¿Quién hará el trabajo? ¿Podemos lograrlo con nuestro personal de ventas y marketing actual? Si es así, ¿qué formación necesitan? ¿Necesitaremos contratar más personal de marketing y ventas? Si es así, ¿qué habilidades y experiencia deberíamos buscar?

- Métodos que vamos a utilizar. ¿Qué debemos modificar para alcanzar este mercado respecto a lo que hacemos ahora?
- ¿Quién será responsable de coordinar toda esta tentativa?

Paso 5: Coste

Otro aspecto de la planificación es determinar el presupuesto y el coste de cada uno de los pasos. Los costes incluyen el personal, el equipamiento, el material y cualquier otro coste necesario para cumplir el objetivo.

Paso 6: Calendario

Deberían fijarse y comunicarse los plazos para que haya un claro entendimiento y puedan cumplirse objetivos a corto plazo, intermedios y de amplio alcance. Cuando se fija un calendario hay que ser realistas. Es aconsejable ponerlo por escrito para evitar malentendidos.

Paso 7: Implementación

Una parte importante de la implementación de un plan que, sin embargo, se ha pasado por alto, es asegurarnos de que todos los participantes entienden su rol en la consecución de los objetivos. Debe establecerse un compromiso con los resultados acordados.

Paso 8: Seguimiento/Medición

Una parte importante del proceso de planificación es guardar un registro preciso, analizar por qué se han producido desviaciones y tomar medidas para corregir cualquier contratiempo. Concentrarse en estos factores es crucial para lograr el objetivo. Es aconsejable establecer puntos de control en intervalos de tiempo adecuados para poder identificar rápidamente las desviaciones del objetivo, ajustarlas o reevaluarlas en las primeras etapas del proceso.

Si establecemos un objetivo estándar bien pensado seremos capaces de centrarnos en nuestros verdaderos objetivos, mesurar nuestro progreso y asegurarnos de que cumpliremos lo que más nos importa en relación a nuestro trabajo u otros aspectos de nuestra vida.

Lo más importante

- Todas las personas que triunfan afirman que su éxito empezó con una esperanza, un sueño, que las dirigió a un objetivo, y éste a su vez las condujo a un plan de acción e inevitablemente a su consecución.
- Antes de poder determinar qué objetivos nos permitirán empezar este viaje, primero debemos evaluarnos. Debemos buscar en el interior de nuestras mentes y extraer lo que realmente queremos de la vida y qué bazas tenemos para conseguir este objetivo.
- Desarrollar objetivos razonables y alcanzables es el primer paso hacia el éxito.
- Seguir estas pautas para fijarse objetivos:
  Los objetivos deberían estar expuestos claramente.
  Los objetivos deberían ser fácilmente alcanzables.
  Los objetivos deberían estimular.
  Los objetivos deberían basarse en la acción.
  Los objetivos deberían ser mensurables.
  Los objetivos deberían anotarse.
  Los objetivos deberían ser flexibles.
  Los objetivos deberían ser extensibles.
  Los objetivos deberían compartirse con quienes nos puedan apoyar.
  Los objetivos deberían revisarse periódicamente para mensurar el progreso.

Capítulo 4

Cómo nos ven los demás

El antiguo dicho: «No puedes juzgar un libro por su portada» tiene mucho sentido, pero lamentablemente la mayoría de nosotros juzgamos a las personas por su «portada», es decir, su aspecto y comportamiento a primera vista. En realidad, algunas personas toman una decisión sobre un individuo en los primeros treinta segundos de contacto.

Las primeras impresiones son difíciles de cambiar. Si en un primer contacto uno da una impresión negativa o indeseable, es posible que impregne todas las relaciones con esta imagen en los siguientes años. Es necesario un poco de reflexión y esfuerzo para establecer las bases para dar una buena impresión, pero el esfuerzo merece la pena.

Crear una imagen de éxito

Cuando conocemos a personas triunfadoras, a menudo nos quedamos impresionados por su agradable «personalidad». La imagen que percibimos nos hace confiar en ellas, admirarlas y sentirnos cómodos. Algunas veces conocemos personas desagradables que son rechazadas por la imagen que proyectan.

Nuestra imagen –a veces llamada personalidad– es la manera de expresarnos al mundo exterior. No sólo somos animales gregarios a los que les gusta estar a la vista de otras personas, sino que tenemos una inclinación innata a llamar la atención favorablemente. Buena parte de esta imagen proviene de los buenos modales que hemos cultivado. La diplomacia, además, es un elemento muy importante; quizás, junto a los buenos modales, el más importante. Uno debe saber exactamente qué hacer y ser capaz de hacer lo correcto en el momento adecuado. El buen juicio y el sentido común son indispensables para aquellos que están tratando de desarrollar una imagen positiva.

Una de las mayores inversiones que uno puede hacer es la de cultivar una manera de ser afable, actuar con cordialidad, sentir con generosidad y tener el delicioso arte de agradar. Es infinitamente mejor que el dinero o el capital, porque se abren todas las puertas a las personalidades alegres y agradables. Son más que bienvenidas; se buscan por todas partes.

Los rasgos de personalidad pueden adquirirse

Dando por supuesto que todas las personas tienen los mismos derechos y oportunidades, debemos reconocer que no todos tenemos la misma inteligencia, fuerza física y niveles de energía; sin embargo, cualquiera que sea nuestra condición, podemos mejorar estos aspectos educándolos y desarrollándolos. Aquellos que están deseando aprender, que están ansiosos por sobresalir, seguirán adelante de manera natural. Podemos seleccionar y esforzarnos para desarrollar los rasgos de personalidad que deseamos adquirir. La aplicación es esencial.

Es importante recordar que una imagen agradable y acogedora puede desarrollarse. A pesar de que algunos rasgos que componen nuestra imagen son innatos —nuestro aspecto físico, inteligencia básica y algunos talentos— todos tenemos la capacidad de sacar el máximo provecho de nuestros rasgos innatos y desarrollarlos para tener el tipo de imagen que los demás admirarán.

No es fácil convertirse en la persona que queremos ser, pero se empieza con un deseo y un compromiso firmes para desarrollar una conducta extrovertida, alegre, optimista y positiva; una imagen que se ganará la aprobación de los hombres y las mujeres con quienes nos interrelacionamos.

Mantener una disposición alegre

A menos que tengamos una actitud mental libre de amargura y picardía y reconozcamos cada día como una bendición que debemos disfrutar y saborear, tendremos una vida infeliz y probablemente improductiva.

Algunas personas albergan durante años un odio amargo o una gran envidia hacia los demás. Aunque tal vez no sean conscientes de ello, esta actitud mental no permite a quienes la poseen alcanzar los máximos niveles de sus capacidades y destruye su felicidad. Y no solamente esto, sino que también irradian su entorno destructivo, perjudicando así a las personas, despertando el antagonismo y constantemente perjudicándose a sí mismas.

La mente debe mantenerse libre de amarguras, celos, odio, envidia y pensamientos egoístas; libre de todo lo que la inhiba, pues de lo contrario habrá de pagar el precio de una pérdida de eficiencia y de calidad del trabajo, así como de la paz del espíritu.

No podemos dar lo mejor de nosotros si albergamos pensamientos rencorosos e incluso poco amistosos hacia los demás. Nuestras facultades sólo dan lo mejor de sí cuando trabajan en perfecta armonía. Debemos tener buena voluntad en el corazón o no podremos obrar bien con el corazón ni con la mano. El odio, la venganza y la envidia constituyen un veneno mortal para todo lo que es noble de nosotros, del mismo modo que el arsénico es mortal para la vida física.

Una actitud amable y un sentimiento de buena voluntad hacia los demás son nuestra mejor protección ante el odio amargo o los pensamientos perjudiciales de cualquier tipo. Nos dirigirán a una vida de paz y ecuanimidad. Minimizarán la discordia en nuestras vidas y nos ayudarán a mantener relaciones armoniosas con los demás.

No podemos guardar odios y rencores, envidias y sentimientos de venganza ocultos sin perjudicar gravemente nuestra reputación. Muchas personas se preguntan por qué no son populares, por qué no gustan en general y por qué significan tan poco en su comunidad, cuando realmente se debe a sus sentimientos amargos, rencorosos y discordantes, que terminan con el magnetismo personal.

Al contrario, si tenemos pensamientos amables, afectuosos, serviciales y receptivos, nos sentimos amistosos con todos y no guardamos amargura, odio o envidia en nuestro corazón, crearemos una imagen atractiva, amable y alegre.

 барра

Un intenso entusiasmo, respaldado por el sentido común y la persistencia, es la cualidad que con más frecuencia conlleva al éxito.

Dale Carnegie

Las personas que pueden sonreír cuando las cosas van mal presentan mucha ventaja sobre aquéllos cuya valentía se colapsa tan pronto se encuentran en una situación difícil. Las personas que pueden sonreír cuando todo parece ir en contra de sus deseos, siempre proyectan la imagen de que están hechas de madera de ganadoras.

La primera percepción

Cuando las personas se encuentran con nosotros, el primer factor que accede a su impresión de nosotros es nuestra apariencia. La apariencia desempeña un importante papel en cómo se nos percibe. Algunos de los factores que pueden impresionar a los demás tanto positiva como negativamente están más allá de nuestro control. No podemos cambiar nuestro aspecto físico fundamental, pero podemos sacar el máximo provecho de nuestros recursos y minimizar lo que se puede percibir como un defecto. Uno no tiene por qué tener el aspecto de una estrella del cine para dar una dejar una huella positiva.

Los diez segundos críticos

Cada vez que una persona se encuentra con nosotros, necesita sólo diez segundos para formarse una lista detallada de impresiones, creencias o asunciones en relación a quién somos y cómo somos.

Dichas asunciones son mucho más importantes que el precio que pagamos por nuestras prendas de ropa y que el hecho de si el color de nuestro cabello es natural o no. Estas impresiones abarcan todo, desde nuestro nivel educativo a nuestra situación económica, nuestro éxito profesional, e incluso aspectos tan subjetivos como nuestra honestidad y honradez. Todas estas creencias se forman, casi subconscientemente, en los primeros diez segundos.

Imagen externa

Nuestra imagen externa es lo primero que observan los demás. Puede abrir puertas de manera efectiva… o cerrarlas. Todo vendedor conoce la frustración de no ser capaz de conseguir un cliente porque no logra pasar el llamado «guardián»: el recepcionista, el secretario o el subordinado que descarta las visitas indeseadas. En cierto sentido, la primera impresión que damos a una persona es el guardián más poderoso. Con frecuencia determina si la persona nos dejará pasar, tanto figurativa como literalmente.

La mayor parte de las señales de nuestra imagen externa se trasmiten visualmente. Las investigaciones más recientes sobre el cerebro revelan que los impulsos visuales se trasmiten directamente al centro emocional del cerebro, evitando las rutas habituales y formando respuestas casi de manera instantánea.

Un buen acicalado, un vestido apropiado, una sonrisa agradable y buenos modales son los primeros pasos para dar una buena impresión personal.

Podemos aumentar nuestras posibilidades de éxito si vestimos de una forma que comunique mensajes positivos sobre nosotros y nuestras capacidades.

Con la adopción generalizada de los códigos de vestimenta informal en el trabajo, actualmente no existe una única manera correcta de vestir. Debemos investigar un poco para hallar lo que es apropiado en nuestra industria, región y cultura.

El día antes de la entrevista que tenía prevista para la empresa de publicidad ABC, Phyllis se dirigió al vestíbulo de su edificio y observó cómo iban vestidas las mujeres que trabajaban allí. Se dio cuenta de que, a diferencia del banco en el que había estado trabajando, la mayoría de mujeres iban vestidas con blusas y faldas o pantalones, pero en ningún caso con vestidos. Así, cuando se dirigió a la entrevista, se vistió como correspondía. Si hubiera acudido con alguno de los trajes que llevaba en el banco, no habría presentado una imagen de alguien que encajara en aquel entorno. Por otro lado, si hubiera solicitado un trabajo en otro banco, llevar ropa informal habría dado una mala impresión.

Mostrar interés por los demás

೪

*Debemos recordar que la persona con la que estamos hablando
está cien veces más interesada en sí misma
y en sus necesidades y problemas que en nosotros
y en nuestros problemas.*

Dale Carnegie

೪

La apariencia y la personalidad son sólo el primer paso en la creación y el mantenimiento de la imagen que los demás tienen de nosotros. Debemos desarrollarla volviéndonos, como dijo Dale Carnegie, «auténticamente interesados en los demás».

Si nos encargamos de mostrar un interés sincero por alguien desde el mismo instante del contacto inicial, conseguiremos, más que con cualquier otro comportamiento, crear una compenetración instantánea. Debemos esforzarnos por prestar atención al nombre de esta persona y usarlo cuando nos dirigimos a él o ella.

En situaciones de empresa, escuchar atentamente el problema o situación que quiera comentar una persona y hacer preguntas que demuestren que estamos verdaderamente preocupados. En situaciones sociales, mostrar un interés sincero cuando respondemos a los comentarios y las preguntas de la otra persona.

En numerosas ocasiones estamos tan ansiosos por decir lo que tenemos en mente que no escuchamos todo lo que la otra persona nos está diciendo. John había memorizado sus argumentos de venta y esperaba con impaciencia la oportunidad de presentárselos a su posible cliente. Mientras el cliente estaba hablando de sus problemas, John sólo estaba escuchando a medias, porque mentalmente estaba concentrado en lo que tenía planeado decir. El resultado fue que John no comprendió las verdaderas necesidades del cliente, no consiguió abordarlas y no sólo perdió su oportunidad de venta, sino que también dio una mala imagen de su empresa.

La primera impresión por teléfono

A menudo el primer contacto que tenemos con alguien es por teléfono. Las futuras relaciones que tengamos con esta persona pueden establecerse por la impresión que demos en esta llamada telefónica. Jennifer estaba disgustada. Se había estropeado la lavadora que había comprado el mes anterior. Llamó a la tienda y preguntó por el encargado. Después de seis tonos, descolgaron el teléfono: «Jones' Appliances, por favor espere». Esperó y esperó durante lo que pareció una eternidad. Precisamente cuando Jennifer estaba a punto de colgar y llamar otra vez, el operador descolgó de nuevo:

—Jones' Appliances, ¿en qué puedo ayudarle?

—¿Podría hablar con el encargado, por favor?

—¿Cuál es el motivo?

—Compré una lavadora hace un mes y no funciona.

—En este caso, no es necesario hablar con el encargado; le pongo en contacto con servicio al cliente.

Después de otra larga espera, el representante del servicio al cliente finalmente respondió. Mientras Jennifer le explicaba su queja, él interrumpió: «Disculpe, no podemos ayudarla. Tiene que dirigirse al fabricante. Encontrará la dirección en la garantía», y sin dar tiempo a que respondiera, colgó el teléfono.

¿Cree el lector que Jennifer volverá a comprar algún producto de esta tienda?

Para dar una buena impresión a los clientes, hay que responder el teléfono en seguida. Si sabemos que la persona tendrá que esperar un tiempo, debemos decirle cuánto aproximadamente y sugerirle que podemos devolverle la llamada más tarde. En caso de que el cliente decida esperar, podemos tener a alguien que le avise de que seguimos ocupados para que tenga la opción de seguir esperando, o bien de pedir que lo llamen más tarde.

Cuando hablamos con el cliente, siempre debemos dejarle hablar hasta que termine de explicar la queja o mensaje. No interrumpamos. Si no podemos ayudarlo, debemos darle tanta información como podamos para que esta persona pueda obtener la ayuda que necesita.

Nuestro lugar de trabajo crea primeras impresiones

Los ojos de Gary recorrieron el lugar. Sin duda era una oficina concurrida. Las personas correteaban de un lado al otro; los escritorios que podía ver tenían montones de papeles. Los teléfonos sonaban y nadie respondía. La única palabra que le vino a Gary a la cabeza fue «caos». Empezó a tener reservas en cuanto a hacer negocios con esta empresa. Cuando finalmente conoció al representante, esta primera impresión había predeterminado su decisión.

La empresa que Gary visitó podía ser altamente competente para tratar con su negocio, pero por no prestar la suficiente atención a los pequeños detalles que se suman a la impresión que se da a los visitantes, casi automáticamente rechazó todo lo que siguió.

Cuando los visitantes entran en nuestro lugar de trabajo, tanto si se trata de clientes, banqueros, trabajadores potenciales o reguladores del gobierno, la impresión que damos en esta primera visita influye en la manera en que nos perciben.

Obviamente, un taller mecánico no puede estar tan impecable como el despacho de un médico, pero por lo menos debería estar tan limpio como otros talleres mecánicos.

Es aconsejable que revisemos nuestras instalaciones periódicamente para asegurarnos de que están limpias y ordenadas, de que las herramientas y el material están bien guardados cuando no se usan, de que los escritorios no están a rebosar de papeles y, en general, de que impera un ambiente de empresa.

La correspondencia crea primeras impresiones

Cuando Warren asistió a un seminario sobre gestión del tiempo, le explicaron que el tiempo que se empleaba en escribir cartas comerciales podía acortarse significativamente si uno anotaba simplemente la respuesta en la parte inferior de la carta que había recibido y se la reenviaba a la persona que se la había enviado. Warren llevó esta idea a la práctica inmediatamente. Sin duda se ahorró tiempo, pero la imagen de su empresa se vio resentida.

Al seguir a un cliente potencial al que había respondido de este modo, descubrió que el posible cliente había decidido no hacer negocios con la empresa de Warren porque la respuesta que había recibido a su petición era «poco profesional».

Nuestra correspondencia nos representa ante el público. Nuestro membrete debería estar pensado para representar la imagen que deseamos dar. Los errores ortográficos y tipográficos se pueden interpretar como indicadores de un funcionamiento poco cuidadoso o ineficiente. Los lectores inteligentes detectan un léxico pobre o una gramática incorrecta. Debemos releer la correspondencia antes de enviarla y asegurarnos de que ninguna carta contiene errores.

Comunicación no verbal

Podemos reforzar algunos de nuestros comportamientos rutinarios para ayudarnos a comunicar mensajes positivos sobre nosotros a aquéllos con quienes interactuamos. Estas conductas especiales tienen un gran impacto en la impresión que damos a los demás.

El sociolingüista Albert Mehrabian, en su exhaustivo estudio sobre la comunicación cara a cara, determinó que sólo el 7 por 100 de los mensajes que se emitían de una persona a otra se basaban en el habla. Alrededor del 38 por 100 de los significados se trasmitían a través de características vocales como el tono de voz, las pausas, el énfasis, etc. Y un sorprendente 55 por 100 del mensaje se comunicaba a través de signos visuales que clasificamos como «lenguaje corporal».

Los famosos debates presidenciales entre el joven John F. Kennedy y el mucho más experimentado Richard Nixon son un clásico ejemplo. Los oyentes de radio que sólo recibieron la parte verbal del mensaje sintieron que Nixon sobresalía, pero los millones de telespectadores que vieron el componente adicional no verbal en la televisión tuvieron precisamente la impresión opuesta. Las expresiones faciales de Nixon, su sudor y su movimiento de manos dieron una impresión negativa al telespectador.

Postura

Una buena (o mala) postura se aprecia incluso desde la distancia y se registra instantáneamente en el cerebro emocional del espectador. Es menos sutil que otros signos no verbales porque implica todo el cuerpo.

En un proyecto de investigación, los participantes asumieron que los sujetos con una postura excelente eran más populares, ambiciosos, confiados, amistosos e inteligentes que los que tenían una postura más relajada.

Mejorar nuestra postura puede parecernos incómodo y exagerado al principio. Si observamos el impacto que tienen los demás con un torso derecho, unos hombros rectos y un cuerpo equilibrado, podremos ver lo impresionante que es su apariencia, y nuestro aspecto será igualmente imponente.

Usar la cabeza

La posición de nuestra cabeza y los movimientos de nuestras facciones desempeñan un importante papel en la comunicación no verbal. Deberíamos «no perder la cabeza» para dar la máxima impresión.

De todas las expresiones faciales, la sonrisa es la más influyente. Sonreír puede hacer que los demás sean más receptivos a nuestro punto de vista. Cuando sonreímos, la otra persona casi siempre nos devuelve la sonrisa. Más que ser simplemente un reflejo, muestra el aumento repentino de afecto y bienestar que genera nuestra sonrisa.

Una sonrisa simulada es más perjudicial que no sonreír. Una sonrisa creíble utiliza toda la cara y ocurre de manera espontánea cuando procesamos un pensamiento positivo sobre el intercambio que estamos teniendo.

Contacto visual

Un contacto visual efectivo implica confianza, honradez e interés por la otra persona. La falta de contacto visual por lo general se interpreta como signo de miedo, deshonestidad, hostilidad o aburrimiento. La investigación muestra que, en las entrevistas de trabajo, los candidatos proporcionan respuestas más completas y significativas cuando el entrevistador mantiene el contacto visual. En una clase, la comprensión y la retención de las materias por parte de los estudiantes están directamente relacionadas con el contacto visual del profesor.

Apretón de manos

En Norteamérica y Europa, el apretón de manos es una parte significativa de nuestra presentación ante personas desconocidas. Un apretón de manos efectivo comunica un mensaje inconsciente pero importante a los demás sobre nuestra autoestima, energía y entusiasmo. También crea una conexión personal que hace que la otra parte esté más abierta y sea más honesta.

Retroalimentación

Quizás el aspecto más desafiante de gestionar nuestra imagen externa es la dificultad de vernos tal y como nos ven los demás. La investigación indica que probablemente somos más críticos con nosotros mismos que los demás. Y, al mismo tiempo, podemos ignorar por completo los comportamientos negativos que necesitamos corregir.

Algunos métodos para lograr una visión adecuada de nuestra propia imagen externa incluyen las siguientes indicaciones:

- Vernos y escucharnos en cintas de vídeo.
- Estudiar nuestra imagen en el espejo cuando hablamos.
- Pedir a personas de confianza que nos den una opinión honesta.
- Observar cómo reaccionan los demás ante nosotros, especialmente aquéllos a quienes queremos influir.

Construir una imagen imponente

Cuando describimos a alguien con una buena imagen, casi siempre describimos a un individuo con una alta credibilidad. Los demás pueden contar con una persona así para que haga lo que dice que hará: hacer que ocurran cosas positivas.

Cuando elegimos un nuevo comportamiento y seguimos hasta el final con este compromiso, construimos credibilidad con nuestra audiencia más importante: nosotros mismos. Nos demostramos que tenemos la fuerza personal para superar nuestras aversiones y hacer que las cosas ocurran.

ও

En lugar de preocuparnos por lo que los demás digan de nosotros,
por qué no dedicar el tiempo a intentar cumplir algo
que admirarán.

Dale Carnegie

ও

Nuestras actitudes están íntimamente entrelazadas con nuestras acciones. Es prácticamente imposible mantener un cambio en una sin cambiar la otra. No hay ningún atajo de «solución rápida», pero cada vez que actuamos positivamente, añadimos otro eslabón a la cadena que mantiene nuestra imagen dirigente.

Para ayudar a seguir la trayectoria de nuestros éxitos, debemos pensar en un objetivo profesional importante –algo que realmente nos importe– quizás algo que hemos estado posponiendo o que hemos sido reacios a abordar.

A continuación damos un paso, aunque sea pequeño, que nos acerque a este objetivo. Luego analizamos lo que hemos hecho y lo que hemos conseguido. Si creemos que lo hemos logrado, seleccionamos otro paso, y así sucesivamente hasta que hemos alcanzado la imagen que queremos.

Por supuesto, algunos de los defectos que vemos en nosotros necesitamos corregirlos en lugar de aceptarlos. Identificar y descartar las ideas equivocadas que podamos tener acerca de nuestros puntos débiles dispensa energía para trabajar constructivamente en fortalecer estas áreas débiles.

Benjamin Franklin, en su autobiografía, describió sus intentos en vano durante años de deshacerse de numerosos comportamientos negativos. Sin embargo, consiguió grandes logros cuando decidió centrarse en un solo comportamiento hasta eliminarlo de su vida; luego procedía a abordar otro.

Imagen interna

Tratar de crear una imagen positiva para los demás sin primero construir una base firme de conocimiento y confianza en uno mismo es lo mismo que usar tiritas cuando necesitamos antibióticos. Es un intento de tratar los síntomas superficiales en lugar de crear una buena salud general.

La efectividad interpersonal yace en compartirnos con los demás, y para la mayoría de nosotros es demasiado amenazante si no tenemos un buen nivel de bienestar con nuestra propia identidad. No podemos dar a los demás la aceptación que necesitan desesperadamente a menos que primero nos demos esta misma aceptación a nosotros mismos.

ை

Recuerda, la felicidad no depende de quién se es o de lo que se posee; depende exclusivamente de lo que uno piensa.

Dale Carnegie

ை

Es posible que nos hayan aconsejado adherirnos al concepto «fingir hasta conseguirlo». Puede tratarse de una estrategia excelente a corto plazo, cuando nos enfrentamos a una nueva situación y sentimos los casi inevitables nervios a pesar de nuestra creencia interna en nuestros propios recursos. Respiramos profundamente y nos sumergimos. Y, al igual que una inmersión en una piscina, nuestra capacidad y energía nos arrastrará rápidamente a la superficie.

Sin embargo, a menos que el concepto de nosotros mismos sea sólido, no podemos «engañar a todos siempre». Entonces, ¿por qué molestarse? En su lugar, deberíamos invertir nuestro tiempo y energía en restablecer una firme sensación de estima y capacidad personal.

Esta garantía puede alimentarse de varias maneras. Una herramienta importante para revitalizar la confianza en nosotros mismos es una revisión de nuestros logros pasados.

Una manera de hacerlo es guardar un archivo de logros, tal y como comenté en el Capítulo 1 de este libro. Revisar nuestros logros pasados es una forma segura de reforzar nuestra imagen.

Mantener una actitud positiva es importante en todas las áreas de una imagen resuelta, pero en ningún aspecto es más crucial que en nuestra actitud hacia nosotros mismos.

La mayoría –incluso los que aparentan ser más triunfadores– llevamos una maleta mental llena de mensajes negativos sobre nosotros mismos. Pueden proceder de nuestros padres, profesores, jefes, compañeros o incluso de nuestra propia imaginación, pero tenemos la capacidad de cambiar el color de estos mensajes y hacer de las creencias positivas nuestra elección consciente. Hablaremos de cómo superar el negativismo y mantener una imagen más positiva en el Capítulo 6.

Podemos controlar la imagen que presentamos a los demás si creamos en nuestro interior la imagen interna que irradiará de nosotros al mundo externo. El tiempo y el esfuerzo que dediquemos a desarrollar una imagen positiva, afectuosa y acogedora resultarán en nuestra aceptación y fortalecerán las relaciones que desarrollemos en nuestras vidas laboral y social.

Lo más importante

- La primera impresión que damos a una persona es el guardián más poderoso. Con frecuencia determina si la persona nos dejará pasar, tanto figurativa como literalmente.
- Mantener una actitud positiva es importante en todas las áreas de una imagen resuelta, pero en ningún aspecto es más crucial que en nuestra actitud hacia nosotros mismos.
- Una de las mayores inversiones que uno puede hacer es la de cultivar una manera de ser afable, actuar con cordialidad, sentir con generosidad y tener el delicioso arte de agradar.
- Para dar una buena impresión a los clientes, hay que responder el teléfono en seguida. Cuando hablamos con el cliente, siempre debemos dejarle hablar hasta que termine de explicar la queja o mensaje. No interrumpamos. Si no podemos ayudarlo, debemos darle tanta información como podamos para que esta persona pueda obtener la ayuda que necesita.

- Deberíamos observar nuestras instalaciones con los ojos de un extraño. Asegurarnos de que nuestro lugar de trabajo refleja una imagen de profesionalidad.
- Nuestra correspondencia nos representa ante el público. Los errores ortográficos y tipográficos se pueden interpretar como indicadores de un funcionamiento poco cuidadoso o ineficiente. Debemos releer la correspondencia antes de enviarla y asegurarnos de que ninguna carta contiene errores.
- Tratar de vernos como nos ven los demás. Esforzarnos para identificar y corregir los comportamientos negativos.
- A menos que tengamos una actitud mental libre de negatividad y reconozcamos cada día como una bendición que debemos disfrutar y saborear, tendremos una vida infeliz y probablemente improductiva.
- Podemos mejorar nuestra imagen externa si seguimos los principios de Dale Carnegie para tratar con los demás:

1. No criticar, censurar o quejarse.
2. Dar una valoración honesta y sincera.
3. Despertar en la otra persona un deseo entusiasmado.
4. Interesarse verdaderamente por los demás.
5. Sonreír.
6. Recordar que el nombre de una persona es, para esta persona, el sonido más dulce en cualquier idioma.
7. Ser un buen escuchador. Animar a los demás a hablar de sí mismos.
8. Hablar en términos de los intereses de la otra persona.
9. Hacer que la otra persona se sienta importante, y hacerlo con sinceridad.

Capítulo 5

Somos nuestros mejores motivadores

No existe un hábito más constructivo que tener una actitud esperanzadora, creer que las cosas mejorarán y no al contrario; que vamos a tener éxito y no fracasaremos; que no importa qué pueda o no ocurrir, porque seguiremos siendo felices.

Pero, por desgracia, hay ocasiones en las que nuestras posibilidades de éxito pueden debilitarse desde el principio, porque creemos que vamos a fracasar o pensamos que las oportunidades están en nuestra contra. En otras palabras, nuestra actitud mental no favorece el éxito que buscamos. A veces incluso atrae el fracaso. El éxito primero se consigue mentalmente. Si la actitud mental guarda dudas, los resultados se corresponderán con ello. En este momento debemos motivarnos para superar estas dudas y avanzar hacia el éxito.

Cuando empezamos a dudar de nosotros, cuando sentimos que las cosas no están yendo bien, debemos darnos un discurso motivador. Debemos decir —y decirlo en voz alta— que vamos a tener éxito. Las palabras habladas tienen una fuerza que no podemos estimular al rumiar las mismas palabras mentalmente. Cuando las oímos dejan una huella más duradera en nuestra mente. Sabemos que nos impresiona e inspira mucho más escuchar una gran charla o sermón que si leemos las mismas palabras escritas. Recordamos la palabra hablada cuando olvidamos la fría letra de imprenta que lleva el pensamiento al cerebro. Crea una impresión más profunda en el yo interior.

Hablarse a uno mismo cada hora del día puede convertir sus pensamientos en pensamientos de valentía y felicidad, en pensamientos de poder y paz. Hablarse a uno mismo de las cosas por las que tiene que estar agradecido puede llenar su mente de pensamientos de júbilo y alegría.

Dale Carnegie

El único mundo del que sabremos algo, el único mundo verdadero para nosotros en este instante es el que podemos crear mentalmente: el mundo del que somos conscientes. El entorno que moldeamos a partir de nuestros pensamientos, creencias, ideas y filosofía es el único en el que viviremos.

Debemos visualizar cómo conseguimos nuestros objetivos. Seguir el ejemplo de las personas triunfadoras y tener pensamientos de éxito. Es nuestra responsabilidad seguir motivados.

¿Qué queremos decir con motivación?

Analicemos detenidamente esta palabra. Otra palabra relacionada con *motivación* es *movimiento*. La motivación implica ponerse en acción: conseguir levantarse y *hacer* algo. Otra palabra de la misma familia es *motor*. El gran pionero de la industria automovilística, R. E. Olds, comentó que comparaba a las personas con los automóviles. Nos recuerda que la propulsión de un coche es su motor; su motor de combustión interna. Todos tenemos un motor en nuestro interior, un motor combustible interno que nos mantiene en movimiento.

Del mismo modo que el motor de un coche necesita combustible para funcionar, nosotros también lo necesitamos. Asimismo, igual que no todos los motores utilizan el mismo tipo de combustible

–algunos utilizan gasolina, otros baterías eléctricas y otros vapor– el mismo combustible no sirve para motivar a todas las personas. La motivación de algunas personas se alimenta del deseo de ganar dinero; la de otras, del de tener fama, crear grandes obras de arte o música, perfeccionar una invención, conseguir felicidad y satisfacción, etc.

¿Quién nos proporcionará el combustible para motivarnos? Puede proceder de un empresario que nos compensa por una producción excepcional. Puede venir de concesiones que dan las universidades, las fundaciones o los gobiernos. Puede venir de los beneficios de una empresa que creamos o dirigimos. Puede venir de una gran variedad de fuentes externas. Pero, con mucho, los hombres y las mujeres más motivados para triunfar se suministran su propio combustible. *El mejor motivador está dentro de nuestra mente. Si creemos en nosotros y en nuestro inevitable éxito, creamos en nuestro interior una fuente infinita de combustible para ponernos y mantenernos en marcha.*

Debemos concentrar nuestros esfuerzos para poner en orden las fuerzas de nuestro interior y proporcionarnos así el combustible para estar motivados constantemente. Empieza con nuestra actitud. Debemos estimular nuestra mente y nuestro cuerpo para sacar el esfuerzo extra necesario para triunfar. Debemos tener fe en nosotros y en nuestros objetivos para sentar las bases que mantengan nuestra motivación. Ésta será la base sobre la cual venceremos cuando nos encontremos con obstáculos o decepciones.

Podemos hacer que ocurra

La razón por la que tantas personas no se dan cuenta de sus perfecciones es porque no están dispuestas a poner de su parte para hacerlas realidad. Debemos recordar que el anhelo, el deseo de llevar algo a cabo, está simplemente sembrando las semillas de nuestra ambición. Si nos detenemos aquí, cosecharemos tanto como un granjero que ha plantado sus semillas sin haber preparado, fertilizado ni quitado las malas yerbas de la tierra.

Debemos apoyar aquello que desea realizar nuestro corazón con una intención honesta de hacerlo lo mejor que podamos, un esfuerzo serio por hacer realidad nuestra visión.

El mero mantenimiento del deseo de hacerlo, independientemente de la persistencia o la firmeza con la que lo mantenemos, no nos ayudará a realizar nuestros sueños. No sólo debemos cultivar la semilla del deseo y el anhelo, sino que también debemos nutrirla, cultivarla y cuidarla si no queremos recoger una cosecha de malas yerbas. En todas partes podemos ver hombres y mujeres recogiendo malas yerbas por haber cultivado simples anhelos. Estas personas apenas pueden conseguir lo suficiente de su cosecha para mantenerse con vida, sencillamente porque no cuidaron de su semilla después de plantarla.

La única manera de poder unir nuestros sueños con nuestra realidad es atender y cultivar constantemente el deseo y la ambición y mantener vivaces y sanos los deseos de nuestro corazón y anhelos del alma trabajando activamente para conseguirlos.

El marco de la estructura de nuestra vida es invisible. Está en el plano mental. Estamos sentando las bases de nuestro futuro fijando sus límites con las expectaciones que visualizamos. No podemos hacer nada más grande que lo que planeamos. Los planes mentales siempre tienen preferencia. Nuestra construcción futura simplemente estará cumpliendo al detalle lo que visualizamos hoy. El futuro es sólo una extensión del presente. Nuestro pensamiento habitual —nuestra actitud mental predominante-determina nuestro lugar en la vida. Nos sitúa y establece lo que vamos a ser. De acuerdo con nuestro plan mental, con la visión que guardamos, será ancho, siempre en crecimiento y expansión, o se volverá estrecho, más restringido e impasible.

El único mundo del que sabremos algo, el único mundo verdadero para nosotros en este instante es el que podemos crear mentalmente: el mundo del que somos conscientes. El entorno que moldeamos a partir de nuestros pensamientos, creencias, ideas y filosofía es el único en el que viviremos.

Las personas que triunfan, quizás sin saberlo, se proporcionan a sí mismas tratamientos prósperos y exitosos a base de animarse a sí mismas y de tener pensamientos positivos, de manera que se vuelven inmunes a todos los pensamientos negativos, desalentadores y pobres. Mantener el pensamiento del éxito, el ideal de prosperidad, preocuparse constantemente por el propio futuro exitoso, anticiparlo y esforzarse por lograrlo, son tratamientos prósperos y exitosos, lo sepamos o no.

Mantener la concentración

Dave Thomas, que nació y se crió en la pobreza, nunca perdió la fe en sí mismo. Fundó la cadena de restaurantes Wendy's y la convirtió en una de las franquicias de comida rápida con más éxito de Estados Unidos.

Cuando le preguntaron qué creía que había sido lo más importante para su éxito, respondió: «Concentrarse en el propio objetivo. No distraerse intentando conseguir demasiadas cosas al mismo tiempo. Sin duda, la motivación es la clave del éxito. Debemos recordar lo que nos motiva y demostrarnos que esta motivación es sincera y que merece la pena. Si nos motivan demasiadas cosas, nos enredaremos en un laberinto de conflictos de todo tipo. Es fundamental mantener la concentración. Comprender qué motivaciones estarán en el siguiente paso. Seguir soñando, pero no fantasear: si lo hacemos para que nos alaben, es probable que al final nos defraudemos. Observar el éxito de primera mano para que sepamos cómo funciona realmente y qué cuesta conseguirlo».

Sin embargo, debemos ir con cuidado de no dejar que los elogios nos vuelvan displicentes o peores. A algunas personas se le suben los elogios a la cabeza y están tan excesivamente impresionadas por sí mismas que sienten que ya lo han conseguido y dejan de seguir adelante.

Con la situación contraria ocurre lo mismo. Cuando nuestras ideas son criticadas o rechazadas, nos damos por vencidos con demasiada facilidad. Sin duda, no siempre estaremos en lo correcto, pero si estamos convencidos de que vamos por el buen camino, debemos seguir intentando cumplir nuestros objetivos.

No hay que dejar que las opiniones de los demás sobre nosotros o nuestro sueño influyan en nuestra motivación. Si son negativas, no dejemos que nos desanimen; si son favorables, no nos demos por satisfechos.

ભ

No nos alborotemos por cualquier nimiedad. No permitamos que pequeñas cosas –simples termitas de la vida– arruinen nuestra felicidad.

Dale Carnegie

ભ

En nuestro interior, debemos tener un claro entendimiento de dónde queremos ir y confianza en nuestra capacidad para llegar allí a fin de desafiar siempre lo que las personas puedan decir de nosotros.

Escuchar–Desafiar–Evaluar

Es aconsejable desafiar los elogios igual que las críticas. Por supuesto, debemos escuchar lo que dice nuestro jefe de nosotros. Pero también es útil saber qué dicen los demás compañeros o subordinados sobre nosotros.

Igualmente importante es escuchar lo que puedan decir de nosotros nuestro cónyuge, nuestro padre o nuestra madre, nuestro mejor cliente o nuestro mejor colaborador.

Las personas triunfadoras hacen un balance de lo que oyen decir a los demás acerca de sí mismas. Todos somos humanos. Nuestro jefe puede darnos una palmadita en la espalda porque realmente nos la merecemos. Luego puede hacerlo de nuevo porque está a punto de asignarnos una misión difícil.

No es inteligente ni necesario buscar un francotirador detrás de cada árbol. Las personas triunfadoras no son cínicas. No podemos ir por el mundo siendo unos escépticos empedernidos que dicen: «sólo deme los hechos, señora».

No todos los cumplidos son falsos, ni todas las críticas son acusaciones inventadas. Por eso necesitamos nuestro propio sentido de orientación y tener confianza respecto a dónde nos dirigimos.

Debemos actuar acorde con la realidad de que hay millones de criterios para medir la vida. Elegir el correcto en el momento adecuado podría ser una de las mayores claves para motivarnos que podríamos aprender. Mantenernos motivados hasta que alcanzamos el objetivo.

Disfrutar de nuestro trabajo

Pasamos la mayor parte de nuestra vida en el trabajo. Sin duda es más fácil mantener un nivel alto de compromiso si disfrutamos de nuestro trabajo. Por lo tanto, deberíamos hacer todo lo posible para divertirnos en el trabajo. Simplemente, mientras nos lo pasamos bien, debemos recordar: ¡es un lugar de trabajo! La parte divertida debería respaldar la parte de trabajo, no restarle mérito.

El fundador y director durante mucho tiempo de Intel, Andrew Grove, creía firmemente que la motivación viene de la satisfacción que obtenemos de nuestros logros. Todo triunfo genera la confianza para buscar mayores logros; cada éxito conduce a más éxitos. Escuchemos lo que dice acerca de la motivación.

Hace una lista de seis consejos que lo han ayudado a mantenerse motivado:

1. *Celebrar los logros.* Tratar de proporcionar tantos hitos provisionales como podamos y sustituir el deseo de alcanzar mejores resultados a largo plazo por varios pasos más cortos. Entonces, utilizar las ocasiones en que uno de éstos se logró y convertirlas en un acontecimiento de celebración de alguna manera. Sin embargo, no deberíamos dejar que ninguna celebración distraiga a los demás que trabajan. Es aconsejable tomarse un poco el pelo unos a otros, incluido el jefe, y mantener viva la competición interna.

2. *Rotar los trabajos.* Incluso aunque nos quedemos en una empresa, hacer todo el esfuerzo posible para rotar las tareas ocasionalmente. Hasta en las mejores empresas, cualquier tarea puede volverse tediosa después de un tiempo. Es más difícil crear y mantener la energía y la motivación si siempre hacemos el mismo trabajo. Rotar tareas y trabajar en distintas funciones es una forma excelente de mantener el interés por nuestro trabajo y enriquecer nuestras capacidades.

3. *Divertirnos con nuestros compañeros de trabajo.* Nuestros compañeros a menudo son muy importantes para nosotros. Nuestras actividades en el trabajo casi siempre están conectadas con las suyas. Para hacer bien nuestro trabajo, dependemos de ellos y ellos de nosotros.

   Las personas con las que trabajamos son un factor importante que determina si nuestro trabajo es agradable, satisfactorio e incluso divertido. Con frecuencia, nuestros sentimientos hacia nuestros compañeros determinan si nos gusta ir al trabajo cada mañana. Los problemas con otros compañeros pueden afectar significativamente nuestro trabajo y el trabajo de todo el grupo. Resolver estos problemas es importante para el beneficio de nuestra productividad, así como también para nuestro bienestar emocional.

4. *Disfrutar del trabajo.* Es imposible que nos guste todo lo que hacemos en el trabajo. A veces nos irritará su naturaleza implaca-

ble, otras veces nos aburrirá, pero en general debemos disfrutar de él. Es conveniente intentar ver la importancia que tiene lo que hacemos, y enfrentarnos al trabajo con un poco de entusiasmo, tal vez incluso alegría. Esta actitud causa un poco de ligereza cuando más la necesitamos y conduce al compañerismo.

5. *Entregarse al trabajo.* Entregarse al resultado final, a la producción, en lugar de preocuparse por cómo llegar allí, de quién es la idea o de si tenemos buen aspecto o no. Respetar el trabajo de todos aquellos que respetan su propio trabajo. Nadie carece de importancia: se necesitan muchas personas para que funcione una empresa.

6. *Ser honestos con todos.* No es un principio fácil al que adherirse. Siempre hay muchas razones o excusas para transigir un poco aquí o allí. Tal vez pensemos que las personas no están preparadas para oír la verdad o las malas noticias, que no es un buen momento, o lo que sea. Ceder ante estas racionalizaciones tentadoras por lo general desencadena una conducta éticamente incorrecta y contraproducente. Cuando uno se sienta confuso, que se detenga y piense en todas las respuestas significativas.

ↄ

Cree en lo que estás haciendo y en ti mismo y desea lograr algo definitivamente.

Dale Carnegie

ↄ

Enriquecer nuestro trabajo

Los científicos conductistas generalmente están de acuerdo en afirmar que, a pesar de que estemos motivados por factores externos, como el reconocimiento, el aprecio, los retos y, por supuesto, un trato justo, lo que más motiva es el mismo trabajo. Si nos aburre nuestro trabajo y no nos proporciona desafíos, nos costará mucho motivarnos. Al contrario, si disfrutamos tanto de nuestro trabajo que estamos impacientes por ir cada mañana y odiamos marcharnos cada tarde, casi no necesitamos nada más para seguir motivados.

Por desgracia, en la actualidad un gran porcentaje de trabajos de la industria son meramente rutinarios, y es difícil, si no imposible, sentirse entusiasmado por ellos. Una manera de superar esto es encontrar una forma de enriquecer el trabajo.

Competir contra uno mismo

Denise es informática y trabaja desde su casa; introduce datos que le proporciona su jefe en programas informáticos, desarrolla hojas de cálculo y realiza tareas similares. En cuanto adquirió dominio de las técnicas, fue capaz de realizar su trabajo con precisión y cumplir fácilmente con los plazos de entrega.

Después de hacer este trabajo durante varios meses, se volvió tan rutinario que Denise se aburría con facilidad y, en lugar de desear llevar a cabo sus tareas, las temía y buscaba excusas para posponer el inicio de su jornada laboral.

Cuando su jefe rechazó su petición de realizar tareas más variadas, trató de buscar algún modo de superar su apatía. «Soy una concursante —se dijo a sí misma—, si estuviera en un concurso para terminar mi trabajo antes que mis rivales, estaría emocionada. Pero como no tengo rivales, tengo que competir contra mí misma.»

Cuando le dieron la siguiente tarea, cronometró cada etapa, revisó y corrigió errores y los registró. Siguió así hasta que estableció un patrón que contaba con las variaciones en las tareas y, entonces, compitió contra este patrón en cada tarea. El desafío de esta competición la volvió a motivar y ahora está pensando en otros retos para incorporar en el trabajo a fin de reforzar su motivación.

No siempre lo podemos hacer solos

Cuando Jennifer fue contratada por la aseguradora Liability Insurance Company como empleada de tramitación de reclamaciones, encontraba que su trabajo era aburrido y agobiante. El proceso de tramitación de reclamaciones era una «cadena de montaje». Cada empleado revisaba una sección del formulario de reclamaciones, se lo pasaba al siguiente empleado, que revisaba la siguiente sección, y así sucesivamente. Si hallaban algún error o cuestión sobre la interpretación, se dejaba el formulario a un lado para que lo revisara un especialista. Desde un punto de vista operativo, este mecanismo era sumamente eficiente. Sin embargo, hacía que el trabajo fuera aburrido y monótono. Jennifer habló con su supervisor y le insinuó que si se pudiera ampliar, el trabajo no sólo sería más interesante sino también más eficiente. Su supervisor aceptó y juntos idearon un nuevo sistema. La «cadena de montaje» fue sustituida por un sistema en el que cada empleado revisaba el formulario completo, corregía los errores y buscaba interpretaciones. Esto supuso una formación adicional y ralentizó el trabajo al principio, pero valió la pena no sólo para Jennifer, sino para todo el departamento, porque desarrolló un equipo de trabajadores muy motivado que realmente estaba interesado por su trabajo. El movimiento de trabajadores, el absentismo y la insatisfacción se redujeron significativamente, y en cuanto se estableció por completo el sistema, la velocidad y la precisión aumentaron.

No dejar nunca que domine el desánimo

Uno de los hombres que tuvo más éxito en la historia de la industria estadounidense fue Charles M. Schwab. Se dio a sí mismo tratamientos de éxito desde que era un muchacho pobre que empezaba a vivir.

Nunca dejó que se desvaneciera de su mente la determinación para triunfar y ser próspero. Si se hubiera permitido ceder ante los muchos desalientos que tuvo, nunca se habría convertido en un gran empresario. Siempre venció estos pensamientos negativos, destructivos y desalentadores a base de insistir en seguir firme al ideal de prosperidad y éxito.

Nuestras ideas, visiones y resoluciones se nos aparecen frescas cada día. Hay que actuar ahora. Otra inspiración y otras ideas pueden aparecer mañana, pero hoy deberíamos llevar a cabo la inspiración del día.

Una visión aparece en la mente de la artista con una rapidez fulminante. Ella le da vueltas una y otra vez en la mente. Se apodera de su alma, pero no está en su estudio, o no es conveniente dirigir la mirada al lienzo, y la imagen gradualmente se desvanece de su mente.

Una idea sólida y enérgica aparece en la mente del escritor, y tiene un impulso casi irresistible de coger su bolígrafo y trasferir al papel las hermosas imágenes y la fascinante idea, pero el momento no es adecuado y, como parece casi imposible esperar, deja para más adelante su escrito. Las imágenes y la idea siguen obsesionándolo, pero sigue posponiéndolo. Al final, las visiones se apagan gradualmente hasta desvanecerse y perderse para siempre.

La ejecución de un plan es lo que crea el éxito. Casi todos pueden llevar a cabo un gran propósito; sólo el carácter fuertemente determinado lleva la idea a la acción.

Por supuesto, a veces la idea o impulso aparecen en un momento en el que no es posible ejecutarlos. Nos hallamos en un largo viaje en avión; estamos en medio de otro gran proyecto; la idea se nos presenta en medio de la noche.

Las grandes ideas necesitan no morir. Benjamin Franklin siempre tenía a mano un bloc y un lápiz —en su bolsillo, en la cabecera de su cama, en su escritorio— donde anotaba las ideas a medida que se le ocurrían. Se propuso revisarlas en cuanto tuviera tiempo y actuar tan pronto como pudiera. Hoy podemos hablar o escribir nuestras ideas en nuestros PDA o Blackberry donde sea que estemos.

No podemos esperar estar sanos y fuertes si siempre pensamos y hablamos de nuestra mala salud o asumimos que nunca llegaremos a ser personas robustas. Tampoco podemos esperar que nuestra facultad de mando sea fuerte y vigorosa si siempre dudamos acerca de nuestra capacidad para llevar a cabo lo que emprendemos. Nada debilita más la mente y la incapacita para pensar con claridad que pensar constantemente en su debilidad, o dudar de la propia capacidad para lograr lo que uno se propone.

No puede haber estudio más importante ni deber más imperioso para con nosotros y quienes nos rodean que el control del pensamiento, el autocontrol, que impulsa nuestro autodesarrollo. Quizás porque el pensamiento en sí es intangible, y porque en realidad la mayoría de nosotros apenas tenemos control sobre él, da la sensación de que la dirección de la acción mental es un asunto difícil y abstruso, algo que requiere mucho estudio, tiempo libre y saber literario. Nada más lejos de la verdad. Independientemente de nuestro nivel educativo, nuestro nivel cultural o de lo ocupados que podamos estar, todos tenemos en nuestro interior lo necesario para rehacer nuestra naturaleza intelectual, nuestro carácter y nuestra vida.

Todos tendremos distintas tareas, distintos problemas que resolver y distintos resultados que obtener, pero el proceso es prácticamente el mismo, y la trasformación no es más imposible para unos que para otros.

Debemos concentrarnos en nuestro objetivo, verlo ante nosotros como si ya lo hubiéramos conseguido, al mismo tiempo que nos acercamos, a conciencia, a su consecución. Uno por uno, los obstáculos se desvanecerán, y lo que antes parecía demasiado pesado para la fuerza humana, ahora parecerá sencillo, incluso simple. El requerimiento más importante de todos es no perder de vista el objetivo y no dejar que el interés decaiga o que la visión interior flaquee en el punto exacto en que más deseamos comprometernos, en el trabajo que más desearíamos llevar a cabo.

No hay sustituto del trabajo

Pensar en el éxito no es suficiente. Al trabajo externo debe seguirle una contemplación interna. La verdadera meditación no nos exime de la necesidad de esforzarnos, pero es un medio para revelarnos qué esfuerzos debemos hacer y cómo debemos hacerlos.

Cabe mantener este pensamiento y ponerse manos a la obra. Hay que empezar con el pensamiento correcto, es decir, la actitud mental adecuada para alcanzar nuestros objetivos, y luego apremiarnos con toda nuestra alma para hacer realidad nuestro sueño.

En realidad, nada ocurre hasta que la mente lo provoca. Nada empieza en este mundo hasta que el pensamiento precede a la acción. El pensamiento mueve todo lo que existe. Es la fuerza motriz de las cosas que percibimos a través de los sentidos.

Lo que realmente engrandece nuestra empresa es pensar constantemente en nuestro negocio, planear la manera y los medios de extenderlo e idear su mejora. Nuestros pensamientos, nuestra planificación, nuestro entusiasmo y nuestro sueño de triunfar son las fuerzas vitales que siempre aumentan el poder de nuestro imán mental para atraer aquello que deseamos.

Independientemente de la naturaleza de nuestro trabajo o negocio, el hábito de retener en la mente el ideal de prosperidad, el ideal de felicidad y el ideal de la buena suerte dirige nuestra atención hacia estos ideales y nos ayuda en nuestros esfuerzos por mirar a la luz bajo cualquier circunstancia. Esta actitud mental reforzará nuestra confianza en nosotros de manera asombrosa. Pensaremos más en nosotros, estaremos motivados y veremos mayores posibilidades ante nosotros.

Compromiso

Una de las maneras más efectivas de motivarnos es comprometernos firmemente con lo que deseamos lograr. Cuando las cosas vayan mal, cuando los obstáculos parezcan inconquistables, cuando el desaliento alce su rostro, nuestro compromiso nos motivará a seguir adelante en la lucha.

Los campeones nunca dicen «no puede lograrse». Tratan de encontrar una manera de superar los obstáculos. Incluso los campeones no siempre ganan, pero nunca pierden sin primero intentar ganar, porque están comprometidos a ganar.

Pensar

El componente básico de la motivación es el pensamiento. Antes de comenzar el proyecto, es esencial haberlo pensado. Un actor espléndido piensa cómo actuará antes de empezar.

Por lo general, en una operación compleja debe emplearse tanto tiempo en la planificación como en el trabajo en sí. Antes de realizar una llamada, un representante de ventas exitoso piensa detenidamente todos los posibles problemas que podrían tener lugar y cómo podría manejarlos. Los ejecutivos piensan todas las ramificaciones que podría causar cualquiera de sus decisiones antes de tomar dichas decisiones. Ocurre lo mismo con los principales actores en el teatro, el cine, la televisión o con los deportes.

Norman Strauss, un contratista de pintura industrial de Nueva York, se enfrentaba a un gran problema. A finales de semana debía presentar su oferta para la tarea de pintar el Madison Square Garden, el estadio cubierto más grande de Nueva York. El principal problema era pintar el techo, que estaba a treinta y cuatro metros del primer piso. La manera habitual de llegar al techo era construyendo un andamio de tubos desde el cual los pintores pudieran pintar el techo. El coste de la construcción del andamio era el mismo para todos los licitadores. La única forma de reducir la oferta significativamente sería encontrando alguna manera de pintar el techo sin construir el andamio. Todos sabían que eso era imposible, por lo que, ¿para qué molestarse?

Sin embargo, Norman Strauss no se dio por vencido con facilidad. Estaba comprometido a conseguirlo y creía que uno nunca debía dejar de intentar tratar de solucionar un problema. Aquella tarde, mientras regresaba a su casa, Norman vio a unos trabajadores de una empresa eléctrica pintando una farola. Para llegar hasta arriba, usaban una «plataforma elevadora», un camión con un montacargas que podía elevarse a varias alturas. «¿Por qué no usar una plataforma elevadora para llegar al techo del Garden?», pensó Norman. La investigación que llevó a cabo al día siguiente le desveló que era factible y económico. Strauss fue capaz de presentar una oferta significativamente más baja que la de sus competidores y obtuvo el trabajo.

La motivación debe ser continua

Cualquiera que quiera seguir creciendo, aumentando su capacidad y multiplicando su talento, debe estar esforzándose siempre por superar sus resultados previos. Debe estar preparado para aprovecharse de todas las oportunidades legítimas, para mejorar a nivel personal y avanzar en su negocio o profesión.

Sea cual sea el negocio que uno tenga, sólo hay una forma de asegurarse el progreso, y es esforzándose constantemente por mejorar el mejor resultado de uno mismo. El esfuerzo esporádico, independientemente de lo enérgico que sea, no lo logrará. Es el proceso diario el que más cuenta en el promedio final.

Que ayer hiciéramos un buen trabajo o algo magnífico no es motivo para descansar hoy. Más bien debería estimularnos a seguir adelante mañana.

Nunca debemos permitirnos a nosotros ni a nadie mermar ni destruir nuestra propia confianza, porque es la base misma de todos los grandes logros. Cuando la perdemos, cae toda nuestra estructura; mientras sigamos teniendo confianza, tenemos esperanzas. La confianza ilimitada y la fe inquebrantable en nosotros, que a veces incluso equivale a audacia, es absolutamente necesaria para todas las grandes tareas.

Lo más importante

- Seguir la pista de las personas triunfadoras: tener pensamientos de éxito.
- El mejor motivador está en el interior de nuestra propia mente. Si creemos en nosotros y en nuestro inevitable triunfo, crearemos en nuestro interior un mecanismo infinito para motivarnos a nosotros mismos.
- No dejar que las opiniones de los demás sobre nosotros o nuestro sueño influyan en nuestra motivación. Si son negativas, no dejemos que nos desanimen; si son elogios, no nos volvamos complacientes.
- Si disfrutamos tanto de nuestro trabajo que estamos impacientes por ir cada mañana y odiamos marcharnos cada tarde, casi no necesitamos nada más para seguir motivados.
- Si nos atrevemos a pensar nuestro propio pensamiento y a originar nuestros propios métodos, si no tenemos miedo de nosotros mismos, y nuestras ideas no son una copia de las de nadie más, rápidamente obtendremos reconocimiento.
- Todos tenemos en nuestro interior todo el tiempo y la capacidad necesaria para rehacer nuestra naturaleza intelectual, nuestro carácter y nuestra vida.
- Comprometerse firmemente a lo que deseamos lograr. Cuando las cosas van mal, cuando los obstáculos parecen inconquistables, cuando el desaliento alza su rostro, nuestro compromiso nos motivará a seguir luchando.

Capítulo 6

Destacar lo positivo

Mantener una actitud positiva es importante en todas las áreas de la imagen que proyectamos, pero en ningún lugar es más destacado que en nuestra actitud hacia nosotros mismos. A menudo se ha citado a Eleanor Roosevelt por la frase: «Nadie puede hacernos sentir inferiores sin nuestro consentimiento».

La mayoría de nosotros –incluso los aparentemente más triunfadores– llevamos una maleta mental llena de mensajes negativos sobre nosotros mismos. Pueden proceder de nuestros padres, profesores, jefes, compañeros o incluso de nuestra propia imaginación, pero tenemos la capacidad de cambiar el color de estos mensajes y hacer de las creencias positivas nuestra elección consciente.

A veces los demás nos proporcionan imágenes positivas de nosotros. Como sugerí en el Capítulo 1, hay que aferrarse a ellas. Podemos crear una carpeta o cuaderno para coleccionar conocimientos, cartas de agradecimiento, revisiones estelares, buenas evaluaciones y otras muestras tangibles de nuestras capacidades.

Mantener una actitud esperanzadora

No existe un hábito más constructivo que el de tener una actitud esperanzadora, de creer que las cosas mejorarán y no al contrario; de que vamos a tener éxito y no fracasaremos; de que no importa qué pueda o no ocurrir, porque seguiremos siendo felices.

No hay nada más provechoso que disponer de esta actitud optimista y expectante –la actitud que siempre busca y espera lo mejor, lo máximo, lo más feliz– y no permitirse nunca ponerse de un humor pesimista y desalentador.

Debemos creer con todo nuestro corazón que siempre haremos lo que se supone que debemos hacer. Ni por un instante debemos tener dudas acerca de ello. Debemos albergar sólo «pensamientos amigos»: ideales de aquello que vamos a lograr. Debemos rechazar todos los «pensamientos enemigos»: todos los desánimos, todo lo que nos podría sugerir fracaso o infelicidad.

Carece de importancia lo que estemos intentando hacer o ser, siempre y cuando asumamos una actitud expectante, esperanzadora y optimista al respecto. Esta disposición nos colocará en la carretera para crecer en nuestras facultades y mejorar a nivel general.

ɔ

No es lo que tienes, ni lo que eres, ni dónde estás, ni qué estás haciendo lo que te hace feliz o infeliz. Es lo que piensas.

Dale Carnegie

ɔ

Los grandes triunfadores son pensadores positivos

Esta cualidad única de mantener con persistencia la fe en uno mismo y de no permitir nunca que nada debilite la creencia de que de alguna manera uno va a cumplir lo que ha emprendido, ha sido el principio subyacente de los grandes triunfadores. La gran mayoría de hombres y mujeres que han proporcionado a la civilización un gran avance empezaron siendo pobres, y durante muchos años oscuros no tenían esperanzas de cumplir su ambición; sin embargo, siguieron esforzándose y creyendo que algún camino se abriría de alguna manera. Piensa en lo que esta actitud de esperanza y fe ha hecho por los grandes inventores mundiales. Cómo la mayoría de ellos perseveró durante muchos años de trabajo monótono, aburrido y penoso antes de que vieran la luz. Y la luz probablemente no habría aparecido de no haber sido por su fe, esperanza y esfuerzo persistente.

No hay ningún otro hábito que le pueda dar tanto valor a nuestra vida como el de esperar que siempre ocurra lo mejor en lugar de lo peor, de dar por sentado que vamos a ganar en cualquier tarea que emprendamos.

Muchas personas frustran su oportunidad de triunfar desde el mismo inicio al tener expectativas de que van a fracasar, al pensar que las probabilidades están en su contra. En otras palabras, su actitud mental no es favorable al éxito, que es lo que buscan. A veces incluso atrae el fracaso. El éxito primero se consigue mentalmente. Si la actitud mental es de duda, los resultados se corresponderán. A fin de ganar, debe ser de fe persistente y de continua confianza. Una mente vacilante y dudosa provoca resultados vacilantes y dudosos.

No hay nada más provechoso que disponer de esta actitud optimista y expectante –la actitud que siempre busca y espera lo mejor, lo máximo, lo más feliz– y no permitirse nunca ponerse de un humor pesimista y desalentador.

Esforzarse por sobresalir

Independientemente de la naturaleza de nuestro trabajo o negocio, el hábito de retener en la mente el ideal de prosperidad, el ideal de felicidad y el ideal de la buena suerte dirige nuestra atención hacia estos ideales y nos ayuda maravillosamente en nuestros esfuerzos por mirar a la luz bajo cualquier circunstancia. Esta actitud mental reforzará nuestra confianza en nosotros de manera asombrosa.

Luchar por las recompensas del éxito

Muchas personas están motivadas por recompensas tangibles. Desean con fuerza tener una bonita casa, conducir un coche lujoso, cenar en restaurantes caros y pasar las vacaciones en resorts elegantes; simplemente desean ser ricas.

J. P. Morgan era uno de los hombres más ricos de su generación. Cuando le preguntaron por qué seguía estando motivado por ganar más y más dinero, cuando ya tenía todo el lujo que el dinero podía comprar, respondió: «El dinero es la tarjeta con la que mido mi éxito. No necesito el dinero en sí, pero al seguir trabajando para aumentar mi riqueza, me estoy demostrando a mí mismo que puedo seguir siendo un triunfador».

Cuando le preguntaron a Teddy L., uno de los diez mejores representantes de ventas de su empresa, qué lo motivaba a salir cada día y hacer una llamada tras otra, respondió que venía de una familia pobre y que vivió en una vivienda sin agua caliente toda su infancia. «Siempre soñé que un día tendría mi propia casa, una casa como aquellas que tenían las personas ricas que vivían en mi ciudad», dijo.

«Cuando empecé a vender era un vendedor mediocre. Sólo hacía las ventas suficientes para cumplir con la cuota y tener un ingreso justo para pagar un apartamento cómodo. Entonces, un día estuve en la parte de la ciudad donde vivían las personas ricas. Recordé mi sueño de tener una casa como la suya. En ese lugar y en aquel momento, decidí ganar el dinero suficiente para comprarme una casa así.

»Aquel día fui a una inmobiliaria y me llevé fotografías de algunas de las casas de aquel vecindario que estaban a la venta. Clavé una de ellas sobre la mesa que hay junto a mi cama, pegué otra en el espejo del lavabo y otra en la visera de mi coche. Cada noche antes de acostarme, observaba la fotografía; cada mañana cuando me afeitaba, miraba la fotografía; cada día, cuando conducía para ver a mis clientes, veía la fotografía. Decidí que un día me compraría una casa como las de aquellas fotos.

»Podía visualizarme a mí y a mi familia viviendo en aquella casa. Podía vernos cenando en una mesa grande; descansando en la sala de estar; a mis hijos jugando cada uno en su propia habitación; a mi mujer cocinando en una cocina moderna y a todos disfrutando del césped arbolado. Estos pensamientos me motivaron a insistir más en cada llamada que hacía a un cliente, a hacer una llamada más cada día y a aprender y aplicar formas más efectivas de abordar las ventas.

»Durante los siguientes meses mis ventas aumentaron. Al cabo de un año mis ingresos se habían doblado y un año más tarde pude comprarme la casa de mis sueños.»

Las recompensas no siempre son tangibles. Algunas personas buscan recompensas en la satisfacción de cumplir sus sueños. John Burroughs era un hombre con éxito, pero no era rico; vivía en circunstancias modestas. El dinero no era importante para él. Probablemente fue el naturista más importante de su época. Dedicó su vida a estudiar y escribir sobre la naturaleza.

Obtuvo su recompensa de la gran satisfacción de estar entre las maravillas de la naturaleza. Dijo: «Vivo para agrandar y disfrutar mi propia vida, porque creo que así estoy haciendo lo mejor para todos. Si hubiera perseguido a los pájaros sólo para escribir sobre ellos, nunca habría escrito nada que alguien se hubiera molestado en leer. Debo escribir con simpatía y pasión −es decir, con placer− o, de lo contrario, no escribir. El trabajo es placer y el resultado proporciona placer».

Tener siempre en mente la recompensa que buscamos, tanto si es tangible −un coche nuevo, una buena casa, dinero para jubilarnos− o intangible −satisfacción de cumplir nuestro sueño− nos permitirá estar motivados para esforzarnos a fin de lograr este objetivo y recoger esta recompensa.

No buscar inconvenientes

Algunas personas siempre ven el lado oscuro de cada situación. Teniendo en cuenta lo poco provechoso que resulta tal esfuerzo, es sorprendente la cantidad de personas que tienen el hábito de buscar problemas, o de cultivarlos y lograr sacarlos a la luz, y también aquello que buscan. Nadie ha buscado inconvenientes sin encontrarse con muchos, porque cuando nuestra atención está situada en esta dirección, uno puede hacer que cualquier cosa sea un problema. Se dice que durante el desarrollo del Oeste, en los días de la dura vida fronteriza, los hombres que siempre iban armados con pistolas, revólveres y cuchillos Bowie, siempre se topaban con dificultades, mientras que los hombres que no llevaban armas, pero confiaban en su buen sentido, autocontrol, tacto y humor, apenas tenían problemas. El incidente que provocaba un tiroteo para el hombre armado, era simplemente una broma para los más prudentes hombres desarmados. Ocurre lo mismo con los que normalmente buscan problemas. Tener constantemente pensamientos desalentadores, descorazonadores, melancólicos y pesimistas provoca que uno mismo se vuelva receptivo a todos estos abatimientos y destrucciones. Lo que para una persona alegre sería un incidente trivial, gracioso y carente de importancia, en la mente de un matón se convierte en algo terrorífico, en una ocasión para la melancolía y la aprensión.

La imaginación mal utilizada es uno de los peores enemigos. Hay personas que viven en una infelicidad y malestar perpetuos porque se imaginan que son víctimas de abusos, menosprecio, abandono y comentarios despectivos. Creen que son el blanco de todo lo malvado, los objetos de la envidia, los celos y todas las malevolencias. La mayoría de estas ideas son engaños y no tienen nada que ver con la realidad. Es el estado mental más desafortunado al que se puede llegar. Destruye la felicidad, desprestigia la utilidad, expulsa la armonía de la mente y la vida misma se vuelve insatisfactoria.

Las personas que tienen estos pensamientos se convierten a sí mismas en personas desdichadas al rodearse de un entorno contaminado de pesimismo. Es como si siempre llevaran puestas unas gafas oscuras que hicieran que todo a su alrededor pareciera estar enlutado; no ven nada más que el color negro. No hay nada alegre ni brillante en su mundo.

Estas personas han hablado tanto de la pobreza, el fracaso, la mala suerte, el destino y los malos momentos que todo su ser está imbuido de pesimismo. Las cualidades alegres de la mente se han atrofiado por descuido y desuso, mientras que sus tendencias pesimistas se han desarrollado tan excesivamente que sus mentes no pueden restablecer un equilibrio normal, saludable y jovial.

Estas personas llevan consigo una influencia melancólica, desagradable e incómoda allá a donde van. A nadie le gusta hablar con ellas porque siempre están explicando sus historias desafortunadas y desgraciadas. Con ellas, los momentos siempre son difíciles, el dinero escasea y la sociedad «va a mal». Después de un rato se convierten en maniáticas pesimistas con la mente enfermiza y las demás personas las evitan.

Una forma más perjudicial y desagradable de buscar problemas es criticar continuamente a los demás. Algunas personas nunca son generosas ni magnánimas con los demás. Son tacañas con los elogios, rara vez reconocen el mérito de los demás y critican cada uno de sus actos.

ℰ

Si uno cree en lo que está haciendo, que no deje que nada entorpezca su trabajo. Buena parte del mejor trabajo del mundo se ha realizado en contra de todas las posibilidades.

Dale Carnegie

ℰ

No criticar, condenar o quejarse

Desde el mismo principio de la vida deberíamos decidirnos firmemente a no criticar ni condenar a los demás, ni a encontrar imperfecciones en sus errores y defectos.

Criticar, dar rienda suelta al sarcasmo y la ironía, buscar defectos a todo y a todos y buscar algo que condenar en lugar de alabar es un hábito muy peligroso. Es como un gusano moribundo que roe en el corazón del capullo de la rosa o del fruto y que deformará, amargará y secará nuestras vidas.

Una vez que se ha formado este hábito perjudicial, ninguna vida puede ser armoniosa y feliz. Aquellos que siempre buscan algo para condenar, arruinan su propio carácter y destruyen su integridad.

A todos nos gustan las personas agradables, alegres y optimistas; a nadie le gusta el refunfuñón, el criticón, el murmurador ni el calumniador. El gran filósofo estadounidense Ralph Waldo Emerson escribió que «al mundo le gustan los hombres que ven la longevidad de sus motivos y la bondad del futuro, que creen lo mejor de las personas».

Las personas cotillas, de lengua viperina y las que dan rienda suelta a su temperamento sólo obtienen una satisfacción momentánea, y después incluso están atormentadas por su propia naturaleza horrenda y se preguntan por qué las personas disfrutan de la vida y ellas no.

Es igualmente fácil ir por la vida buscando lo bueno y lo hermoso en lugar de lo horrendo, lo noble en lugar de lo innoble, lo brillante y alegre en vez de lo oscuro y lo triste, lo esperanzador en lugar de lo desesperanzador, el lado claro en lugar del lado oscuro. Dirigir siempre nuestra atención hacia la luz del sol es tan fácil como ver siempre las sombras, y determina por completo si nuestra sensación será de satisfacción o descontento, felicidad o miseria, y si nuestra vida se caracterizará por prosperidad o adversidad y por éxito o fracaso.

Aprendamos a buscar la luz y a rechazar verdaderamente el cultivo de sombras y manchas, de imágenes negativas y discordantes. Si aprendamos a aferrarnos a aquello que nos proporciona placer y que es útil e inspirador, cambiaremos por completo nuestra manera de ver las cosas y trasformaremos nuestra personalidad en un período muy corto de tiempo.

El optimismo conduce a los logros

Helen Keller, la mujer sordociega que tuvo todos los motivos posibles para lamentar su suerte y ser pesimista, dijo: «El optimismo es la fe que lleva al logro; nada puede hacerse sin esperanza».

Las personas que más han triunfado en la vida siempre han sido alegres y optimistas, que emprendieron su negocio con una sonrisa en el rostro y se tomaron los cambios y las oportunidades de su vida mortal como personas adultas, enfrentándose a las situaciones duras y fáciles por igual.

Las personas optimistas tienen un poder creativo que las personas pesimistas nunca poseen. No hay nada que endulce más la vida, se lleve su monotonía y aparte con más eficacia los baches del camino que una disposición alegre, esperanzadora y optimista. Con la misma capacidad mental, el que es optimista tiene infinitamente más poder que una persona pesimista, descorazonada y melancólica. El optimismo es un lubricante perpetuo de la mente; es el aceite de la alegría que expulsa las tensiones, las preocupaciones, las ansiedades y las experiencias desagradables. La maquinaria de la vida de una persona optimista no se desgasta ni estropea con la misma rapidez que la de alguien cuyo humor y temperamento erosionan y desgastan los delicados soportes y terminan con la armonía.

Cambiar el negativismo por positivismo

Las personas negativas nunca pueden conseguir nada. No hay vida en una negativa; no hay nada sino deterioro, destrucción y muerte.

Las personas negativas son grandes enemigas de aquellas que buscan el éxito. Las personas que siempre hablan con tono condescendiente de todo, que siempre se quejan de los malos momentos y los malos negocios, de la mala salud y la pobreza, atraen hacia sí todas las influencias destructivas y negativas y neutralizan todos sus esfuerzos.

Los principios creativos no pueden vivir en una atmósfera negativa y destructiva, y tampoco puede tener lugar ninguna señal de progreso. De este modo, las personas negativas siempre están en decadencia y fracasando. Pierden el poder de la afirmación y van a la deriva, incapaces de progresar.

Las personas negativas paralizarán la ambición. Envenenarán nuestra vida. Nos robarán el poder. Destruirán nuestra confianza en nosotros hasta que nos volvamos víctimas de la situación en lugar de maestros de ella. La capacidad de hacer es una cuestión de fe y confianza en uno mismo. Independientemente de lo que emprendamos, nunca lo conseguiremos hasta que pensemos que podemos. Nunca lo dominaremos hasta que sintamos primero el dominio y llevemos a cabo la acción en nuestra mente. Primero debe pensarse antes de poder realizarse. Es necesario que ocurra un logro mental antes del logro material.

Muchas personas dispersan pensamientos temerosos y de fracaso allá a donde van; y éstos se arraigan en mentes que, de lo contrario, podrían ser libres y felices, confiadas y exitosas.

Cabe estar seguro de que cuando tenemos un pensamiento malvado o discordante hacia otra persona, hay algo que está mal en nuestra mente. Deberíamos decir: «¡Alto! ¡Media vuelta!», mirar a la luz del sol y determinar que si no podemos hacer nada bueno por el mundo, por lo menos no iremos esparciendo semillas de veneno y odio.

Si tenemos pensamientos bondadosos, caritativos, magnánimos y afectuosos hacia los demás, no los deprimiremos ni estorbaremos, sino que dispersaremos resplandor y felicidad en lugar de tristeza y sombras, y proyectaremos ayuda y ánimo en lugar de desaliento.

Hay personas que siempre irradian pensamientos exitosos, saludables, alegres, animosos y optimistas, dispersando resplandor allá a donde van. Se trata de los ayudantes del mundo, los que aligeran las cargas, y los que facilitan las sacudidas de la vida, alivian las heridas y dan consuelo a los que están desmoralizados.

Podemos ser como estas personas si aprendemos a irradiar alegría, sin egoísmo ni tacañería, sino con generosidad. Debemos aprender a emitir felicidad sin reservas, a expresarla en casa, en la calle, en las tiendas, en todas partes.

La mejor manera de no dejar pasar la oscuridad es mantener la vida llena de luz; no dejar pasar pensamientos negativos y mantenerla llena de armonía; aislar los errores y llenarla de verdades; aislar la fealdad y contemplar la belleza y el encanto; deshacerse de todo lo que sea amargo y desagradable y contemplar todo lo que es dulce y agradable. Los pensamientos opuestos no pueden ocupar nuestra atención al mismo tiempo.

Deberíamos iniciar el hábito de borrar de la mente todos los pensamientos desagradables, enfermizos y relacionados con la muerte. Deberíamos empezar cada mañana con una pizarra vacía. Deberíamos borrar de nuestra galería todas las pinturas discordantes, y sustituirlas por unas armoniosas, animosas y estimulantes.

Cuando un entrevistador de televisión le preguntó a Frank A., un exitoso ejecutivo de marketing de Chicago, cómo «mantenía la calma» después de la presión del día a día de su trabajo, respondió que nunca se permitía ir a su oficina por la mañana hasta haber sintonizado su atención en perfecta armonía con el mundo. Si tenía el más mínimo sentimiento de envidia o celos, si sentía que era egoísta o injusto o si no tenía la actitud correcta hacia su socio o cualquiera de sus trabajadores, simplemente no iba a trabajar hasta que su instrumento estuviera afinado, hasta que su mente estuviera libre de cualquier tipo de disconformidad. Dijo que había descubierto que si empezaba por la mañana con la actitud correcta hacia los demás, obtenía mucho más a lo largo del día que de cualquier otra forma, y que siempre que anteriormente se había permitido ir a trabajar con pensamientos negativos dominando su atención, no había obtenido tan buenos resultados y había hecho que los de su alrededor no estuvieran felices, por no decir nada del desgaste de sí mismo.

Sustituir la disconformidad por la armonía

Tanto si nos sentimos positivos como si no, debemos afirmar que nos *sentimos* positivos, que nos *sentiremos* positivos y que somos capaces de hacer lo máximo que podamos para actuar de manera positiva. Si lo decimos deliberadamente y lo afirmamos firmemente, se hará realidad.

Muchas de las personas que sólo realizan cosas mediocres en realidad tienen una gran capacidad, pero son demasiado sensibles a la suposición de que no pueden obrar con efectividad. Si tuvieran a alguien que los dirigiera, que planeara por ellos, que mantuviera alejadas las discrepancias y que las ayudara a tener armonía, podrían lograr cosas muy importantes. Como la mayoría de nosotros no tenemos un «ángel guardián» así, debemos adquirirlo de nosotros mismos. Nadie puede ejercer de ángel por nosotros, y no podremos lograr nada grande a menos que seamos capaces de evitar sucumbir a las mil y una cosas que nos distraen. Por desgracia, hay momentos en los que somos desagradables y estamos irritables, pero no es nuestra naturaleza real. La causa de nuestra irritabilidad y falta de armonía es el cansancio o el estrés. Debemos aprender a identificar los momentos en que esto pueda ocurrir y esforzarnos por superarlos.

A menudo vemos personas que se han vuelto completamente insoportables después de un año de duro trabajo o que están completamente revolucionadas al regresar de las vacaciones. No parecen las mismas personas que antes. Ahora ya no les conmueven las nimiedades que les apasionaban antes de irse de vacaciones.

Igual que el chirrido de un eje indica la necesidad de lubricante, el desacuerdo o la disconformidad en cualquier lugar de la economía física es una advertencia de que algo va mal. Una disputa a la hora del desayuno o cualquier pequeña discusión por la mañana pueden destruir la paz del hogar durante todo el día. Un momento de fuerte temperamento puede destruir de por vida una amistad muy valorada.

Para llevar a cabo nuestras actividades diarias, nos obligamos a trabajar cuando estamos cansados y abstraídos, cuando nuestra espontaneidad se ha ido y nuestros estándares vitales están bajos. Nos obligamos con todo tipo de estimulantes y fuerza de voluntad. Abusamos del delicado mecanismo de nuestra mente y nuestro cuerpo hasta que se hiere, sobrecarga y arruina prematuramente.

Deberíamos instruirnos a nosotros mismos en que independientemente de lo que ocurra, no debemos perder nuestra presencia de ánimo, nuestro equilibrio. Siempre deberíamos mantener nuestro equilibrio para que, pase lo que pase, seamos capaces de hacer lo más sensato, lo más sabio y lo más correcto.

ଏଓ

Recuerda, la felicidad no depende de quién se es o de lo que se posee; depende exclusivamente de lo que uno piensa.

Dale Carnegie

ଏଓ

Tener una actitud positiva

Uno puede si cree que puede. Todos tenemos en nuestro interior la capacidad de controlar nuestros pensamientos. Emerson dijo que si «enganchamos nuestro carro a una estrella» es más probable que alcancemos nuestro objetivo que si «seguimos el viscoso camino de un caracol». James Allen sintetizó este tema en el título de su clásico libro: *Como un hombre piensa, así es su vida.*

La confianza es la base de los logros. Refuerza la capacidad, dobla la energía, apoya las facultades mentales e incrementa el poder. Nuestro pensamiento sólo llevará la fuerza de nuestra creencia, el peso de nuestra decisión y el poder de nuestra confianza.

Nuestra constante afirmación de nuestra capacidad para triunfar y de nuestra determinación para hacerlo conquista las dificultades pasadas, desafía los obstáculos, se burla de las desgracias, fortalece la capacidad de cumplir los objetivos, refuerza y apoya las facultades y poderes naturales y permite que cumplan sus tareas.

La constante afirmación aumenta el coraje, y el coraje es la columna vertebral de la confianza. Además, cuando entramos en un aprieto y decimos: «Lo debo hacer», «Lo puedo hacer» y «Lo haré», no sólo reforzamos nuestro coraje y fortalecemos nuestra confianza, sino que también debilitamos las cualidades opuestas. Cualquier cosa que fortalezca una cualidad positiva debilitará la negativa correspondiente.

Si analizamos los grandes logros y las personas que los han llevado a cabo, la cualidad más prominente que se evidencia es la confianza en sí mismas. Las personas que tienen una fe absoluta en su capacidad para hacer lo que se proponen son las que tienen más probabilidades de triunfar, aun cuando esta confianza parezca audaz para terceros, si no temeraria. No es simplemente el efecto subjetivo de esta creencia en ellos mismos lo que permite a tales personas obtener resultados; también es, en buena parte, el efecto que tiene en los demás esta fe en ellos mismos. Cuando tenemos la sensación tener dominio, de haber conseguido algo que vale la pena, hablamos y actuamos con confianza, irradiamos victoria y vencemos las dudas que los demás puedan tener acerca de nosotros. Esta situación hace que aquéllos con quienes interactuamos crean que podemos realizar lo que nos proponemos.

La costumbre de pensar positivamente aumenta en gran medida las propias capacidades por dos motivos; primero, porque descubre la capacidad que antes se hallaba encerrada y anuncia en voz alta recursos hasta ahora desconocidos; y segundo, porque mantiene la armonía de la mente al destruir el miedo, la preocupación, la ansiedad; al destruir todos los enemigos de nuestros éxitos y nuestra eficiencia. Sitúa a la mente en una condición para triunfar. Agudiza las facultades y las hace más perspicaces porque ofrece una nueva perspectiva ante la vida. Nos da la vuelta a fin de que nos orientemos hacia nuestra meta, nuestra certeza y nuestra seguridad, en lugar de hacia la duda, el miedo y la incertidumbre. Nos ayuda a utilizar los resultados de nuestros esfuerzos en vez de neutralizarlos con dudas, miedo, preocupaciones, falta de fe y de confianza.

Lo más importante

- No existe un hábito más constructivo que el de tener una actitud esperanzadora, el de creer que las cosas mejorarán y no al contrario; el de que vamos a tener éxito y no fracasaremos; el de que no importa qué pueda o no ocurrir porque seguiremos siendo felices.

- Cualquier cosa que aparezca en nuestra vida, primero la creamos en nuestra mente. Del mismo modo que un edificio es una realidad con todos sus detalles en la mente de un arquitecto antes de que se haya puesto una sola piedra o ladrillo, mentalmente creamos todo lo que luego se convierte en una realidad.

- Al visualizar mentalmente nuestro ideal tan vívida y claramente como sea posible, haremos realidad nuestro sueño. Si nos imaginamos aquello que verdaderamente queremos con toda nuestra atención, corazón y alma, imaginándolo como si ya fuera real, nos acercaremos a su realización.

- Necesitamos decirle a nuestro subconsciente exactamente lo que queremos. Cuando sepamos cuál es nuestro verdadero deseo, nuestra mente subconsciente nos propulsará infaliblemente hacia él. Debemos creer que lo que queremos puede ocurrir. Debemos creer que sucederá.

- Todos los grandes triunfadores han tenido la cualidad de tener una fe persistente en ellos mismos y de no permitir nunca que nada debilite la creencia de que de alguna manera pueden conseguir lo que han emprendido.

- El éxito se consigue mentalmente primero. Si la actitud mental es de duda, los resultados se corresponderán. A fin de ganar, debe ser de fe persistente y de continua confianza. Una mente vacilante y dudosa provoca resultados vacilantes y dudosos.

- No hay ningún otro hábito que le pueda dar tanto valor a nuestra vida como el de esperar que siempre ocurra lo mejor en lugar de lo peor, el de dar por sentado que vamos a ganar en cualquier tarea que emprendamos.

- La razón por la que tantas personas no se dan cuenta de sus perfecciones es porque no están dispuestas a poner de su parte para hacerlas realidad. El anhelo, el deseo de llevar algo a cabo, está simplemente sembrando las semillas de nuestra ambición. Debemos apoyar aquello que desea realizar nuestro corazón con una intención honesta de hacerlo lo mejor que podamos; un esfuerzo serio de hacer realidad nuestra visión.

- El entusiasmo, o proviene de nuestro interior, o no proviene de ninguna parte. Debemos ser nosotros mismos. Debemos escuchar la voz interior. Se puede mejorar en cualquier profesión, en cualquier oficio y en cualquier negocio. El mundo quiere personas que puedan hacer cosas de maneras nuevas y mejores. No debemos pensar que porque nuestro plan o idea no tenga precedentes o que porque somos jóvenes e inexpertos no se nos escuchará. Las personas que tengan algo nuevo y valioso para ofrecer al mundo serán escuchadas y seguidas.

- Hasta que no eliminemos la «suerte», los «no puedo» y las «dudas» de nuestro vocabulario, no podremos prosperar. No podremos fortalecernos si albergamos la convicción de que somos débiles, ni ser felices si nos mortificamos por las desgracias o los infortunios.

- Comprometernos con firmeza con lo que deseamos realizar. Cuando las cosas vayan mal, cuando los obstáculos parezcan inconquistables, cuando el desaliento alce su rostro, nuestro compromiso nos motivará a seguir adelante en la lucha.

Capítulo 7

Ser valientes

La determinación para triunfar y la fuerza de voluntad para dedicar energía y tiempo, para sacrificar placeres inmediatos, para luchar contra las adversidades, superar los obstáculos y los desafíos en la realización de nuestras metas es un ingrediente esencial en el camino hacia el éxito.

Las personas triunfadoras tienen el valor de hacer realidad sus ideas, la buena disposición de poner su dinero, esfuerzos y emociones en una iniciativa en la que verdaderamente creen.

Aunque estos triunfadores muestran una sorprendente audacia, no son jugadores temerarios. Preparan sus movimientos intensamente y luego vuelan a la acción.

Debemos arriesgarnos si queremos ser más que las personas promedio. No podemos ir siempre «a lo seguro». La seguridad es fundamentalmente una superstición. No existe en la naturaleza, ni la experimentan las personas en general. Esforzarse por evitar todos los peligros puede resultar tan inseguro a la larga como exponerse por completo. O bien la vida es una aventura audaz o bien no es nada.

El gran juez del Tribunal Supremo estadounidense Oliver Wendell Holmes lo dijo de esta manera: «La seguridad es una ilusión, y el reposo no es el destino del ser humano».

Tanto en el mundo de los negocios, de los deportes o de la política, los grandes triunfadores son hombres y mujeres que han mostrado su osadía desafiando las probabilidades, saltando a aguas peligrosas, tomando decisiones creativas y arriesgándose a perderlo todo porque no dudaron de que les saldría bien.

La situación más peligrosa del mundo es la de aquellas personas que se han abandonado, que no intentan ayudarse a sí mismas, que no se esfuerzan por escalar. Ninguna fuerza del mundo puede levantarlas por completo. Dios mismo no ayudará a aquellos que no se ayudan a sí mismos. La voluntad de triunfar es la escalera de nuestro ascenso. Debemos asegurarnos de que no hay peldaños débiles en ella.

¿Debemos desarrollar la virtud de la determinación? A menos que nuestras convicciones sean firmes, no representaremos nada; nadie tendrá confianza en nosotros, porque no inspiraremos confianza. Si la convicción no se apodera de uno mismo, conseguiremos muy pocos logros en la vida.

Valora las nuevas experiencias como oportunidades para aprender en lugar de ocasiones para ganar o perder. Verlo de esta manera abre nuevas posibilidades y puede contribuir a la aceptación de uno mismo. No considerarlo así convierte todas las posibilidades en oportunidades para fracasar e impide el crecimiento personal.

∾

¡Arriésgate! Toda la existencia es una oportunidad. La persona que llega más lejos generalmente es aquella que está dispuesta a avanzar y desafiar. El barco «seguro» nunca se aleja de la orilla.

Dale Carnegie

∾

Implicarse

Cuando Alex era un muchacho, él y sus amigos eran fanes incondicionales de los Cubs. Estaban eufóricos cuando su equipo ganaba y tristes cuando perdían. Alex sentía las pérdidas más que sus amigos. Cuando los Cubs perdían, se deprimía profundamente. Después de una temporada especialmente mala, Alex pensaba: «No vale la pena. Nunca voy a involucrarme tanto con un equipo que me pueda hacer sentir tan mal». Desde entonces, se negó a implicarse con los Cubs o con cualquier equipo de cualquier deporte.

Alex trasladó este concepto a los demás aspectos de su vida. Su filosofía era: «Si no me involucro demasiado, nunca sufriré». En la escuela y en su trabajo, siempre tomó el camino seguro. En realidad, Alex nunca sufrió, pero tampoco tuvo verdaderas alegrías. Al no arriesgarse a que aquello que respaldaba pudiera no salir bien, evitó el «dolor de la derrota», pero nunca sintió «la alegría del éxito».

Comprometerse

El doctor Robert Jarvik trabajó durante años en el desarrollo de un corazón artificial. Nunca se había logrado crear uno y sus compañeros y otros «expertos» le dijeron que jamás se podría conseguir. Jarvik no sólo estaba dispuesto a arriesgarse a que todo su trabajo resultara inútil, sino que estaba comprometido a seguir intentándolo hasta lograrlo.

Los inventores e innovadores siempre se han enfrentado al ridículo. Todos hemos leído que el barco de vapor de Fulton recibió el apodo «la locura de Fulton» y que los primeros automóviles fueron recibidos con la desdeñosa acusación de «consigue un caballo». Edison lo intentó y fracasó cientos de veces antes de inventar la bombilla. Los inventores deben comprometerse y estar dispuestos a sufrir las burlas de los demás y a enfrentarse a las muchas dudas y decepciones de fracasar una y otra vez antes de alcanzar su objetivo.

No temer las divergencias

Liz estaba preocupada. En el grupo todos parecían estar de acuerdo en que la idea que estaban debatiendo iba a solucionar su problema. Si expresaba su desacuerdo, los demás la considerarían estúpida o, peor aún, que era rebelde. Lo más fácil era permanecer en silencio, pero Liz estaba segura de que el grupo había pasado por alto un aspecto importante del problema. Liz se arriesgó a ser rechazada, pero al decir lo que creía, permitió que el grupo observara el problema desde un ángulo distinto y llegara a una conclusión más efectiva.

Arriesgarse no significa que uno deba ser temerario. Las personas razonables corren riesgos razonables, pero por definición, correr un riesgo puede salir mal. Los ejecutivos de empresas importantes corren riesgos con cada decisión que toman. Sin embargo, maximizan su probabilidad de tener éxito investigando y analizando antes de tomar la decisión. Pero cuando debe tomarse finalmente la decisión, el ejecutivo debe estar dispuesto a arriesgar la posible pérdida de dinero, de tiempo, de energía y de emociones. Sin arriesgarse no hay posibilidades de ganar.

¿Qué es lo peor que puede ocurrir?

En el Capítulo 1 hemos aprendido que Dale Carnegie aconsejó en su libro Cómo dejar de preocuparse y empezar a vivir, que cuando uno se enfrenta a un problema, «debe preguntarse: "¿Qué es lo peor que podría pasar?"», y «prepararse para aceptar lo peor, y luego intentar mejorar lo peor».

Deberíamos utilizar estos principios cuando tenemos que tomar una decisión sobre si adoptar un enfoque innovador, radical o simplemente distinto ante un problema.

Todos debemos arriesgarnos si queremos progresar en nuestro empleo y en nuestra vida. Con un análisis cuidadoso podemos minimizar las probabilidades de fracasar, pero nunca podemos eliminarlas. Sin dolor no hay ganancias. Si siempre vamos a lo seguro tal vez evitemos este dolor, pero nunca sentiremos la gran alegría y satisfacción que resulta de superar los obstáculos y de lograr nuestros objetivos.

ରୁ

La mayoría de nosotros tiene mucho más coraje del que jamás ha soñado.

Dale Carnegie

ରୁ

Tener fe

No podemos esperar triunfar si somos tímidos, carecemos de fe en nosotros mismos y desconfiamos de nuestras convicciones. No siempre podemos buscar la seguridad antes de aventurarnos. La desconfianza en uno mismo es la causa de la mayoría de fracasos. En la seguridad de la fuerza reside la fuerza, y uno puede ser fuerte y, sin embargo, ser el más débil si no tiene fe en sí mismo o en sus poderes.

El fracaso, que alcanza a tantos comerciantes, no se debe tanto a la falta de talento en el mundo de los negocios, sino más bien a la falta de valentía. Hay muchas personas dotadas de capacidades brillantes pero aquejadas de indecisión. Son propensas a seguir los instintos de una naturaleza débil y bondadosa en contra de utilizar su evidente inteligencia. El mundo está sobrepoblado de personas que permanecen inmóviles, ocupando puestos de trabajo poco importantes y con salarios bajos simplemente porque nunca han pensado que valdría la pena conseguir dominar las actividades que han decidido emprender.

Hay algunas personas cuyo fracaso en la vida es un problema para los demás y también para sí mismas. Son aplicadas, prudentes y ahorradoras; sin embargo, después de un largo período de esfuerzo, la vejez las alcanza todavía pobres. Se quejan de la mala suerte, dicen que el destino está de su contra, pero la realidad es que sus proyectos se han malogrado porque han confundido la simple actividad con energía. Han confundido dos cosas fundamentalmente distintas: suponen que si siempre están ocupadas, necesariamente están ampliando su fortuna, y olvidan que el esfuerzo mal dirigido es una actividad en vano.

La valentía hace realidad nuestros sueños

Una razón por la que muchas personas no logran sus objetivos es porque aparentemente consideran su sueño o ambición como una especie de imagen mental fantástica, algo que no tiene una base definida en la realidad. Estas personas nunca se toman muy en serio su misión y, en consecuencia, nunca alcanzan su completa valía. No parecen darse cuenta de que, para que sus sueños se hagan realidad, deberían tener la intención de contribuir a ello de manera firme. No obstante, es para lo único que están aquí. No nos dejaron aquí como unidades independientes e inconexas del universo. Las personas que tienen fe en ellas mismas sienten que sus capacidades pueden hacer que sus sueños se hagan realidad.

Abraham Lincoln era un hombre muy modesto y sin pretensiones. Cuando los primeros rumores de la guerra civil resonaron por el norte y las elecciones presidenciales estaban a la vuelta de la esquina, se presentó como líder de la nación. Cuando los políticos buscaron a un hombre adecuado para aquel gran puesto, Lincoln les preguntó porqué no lo designaban a él. Dijo que sentía en el interior de su pecho el poder de ayudar a la nación a superar las crisis, y que creía que podía ser elegido. De haber venido de un hombre menos modesto, esta seguridad habría parecido arrogante, pero los motivos de Lincoln eran puros y su fe, basada en una aptitud maravillosa para realizar el trabajo, lo llevó al triunfo.

Quienes han hecho historia siempre han tenido convicciones firmes respecto a su vida laboral. Han creído en su visión y en el papel que han tenido que desempeñar. Han creído que su ambición ha presagiado una profecía que era la sustancia de aquello que esperaban y no un mero producto de su imaginación.

En otras palabras, las personas que han triunfado en el mundo han sido unos firmes creyentes de su destino. La fe de estas personas nos convence de su poder. Todos sentimos que las personas que creen en su destino tienen algo que inspira nuestro respeto, nuestro homenaje. El mismo mundo abre camino a aquellos que creen que nacieron para desempeñar un importante papel en el teatro humano.

Lech Wałęsa: liberador de Polonia

Uno de los mejores ejemplos de valentía en los últimos tiempos es Lech Wałęsa. Shakespeare dijo que algunos nacen grandes, algunos logran la grandeza y a otros la grandeza se les impone. Lech Wałęsa encaja en este último grupo. Pareció salir de la nada para liderar a su pueblo en su lucha contra la opresión comunista en un momento en el que no había ningún líder polaco que le hiciera frente al gobierno tiránico.

Como técnico electricista en el astillero Lenin, en Gdańsk, fue de los primeros en expresar su descontento con el Gobierno comunista de Polonia, que estaba tan dominado por la Unión Soviética que Polonia era poco más que un estado títere. Como católico, estaba amargado por la supresión de la Iglesia por parte de los comunistas.

Wałęsa no estaba solo, por supuesto. La mayoría de los trabajadores del astillero se habían desilusionado por el llamado «paraíso de los trabajadores» que habían proclamado los comunistas, y los disturbios en el astillero se habían intensificado. Los miembros del sindicato formaron lo que al principio fue un grupo secreto, llamado «Solidaridad», una palabra que tradicionalmente había sido el santo y seña del movimiento sindical, que significaba la solidaridad de los trabajadores contra los capitalistas. Entonces, el nombre adoptó un nuevo significado: un frente sólido de trabajadores contra comunistas. Wałęsa destacó como líder de este grupo.

¿Por qué asumió esta maravillosa responsabilidad? Sabía que podía llevarlo al arresto, al encarcelamiento y tal vez a la tortura o incluso a la muerte. Sabía que estaba poniendo en peligro a su familia.

Unos años más tarde, cuando le preguntaron si había tenido miedo, admitió que estuvo realmente aterrorizado, pero que sabía que alguien tenía que ser el líder. Recordó las palabras de uno de los hombres que más admiraba, el papa Juan Pablo II. Wałęsa prestó atención a las poderosas palabras del papa: «Aprende a conquistar el miedo».

Encarcelamiento y liberación

Con esta misión en la mente, Wałęsa dio un paso adelante en la historia. Su atrevida postura en el astillero de Gdańsk lo llevó a ser conocido en todo el mundo. Pero también resultó en varias persecuciones que pusieron a prueba su valentía. En 1981 fue arrestado y encarcelado durante once meses, bajo el período de la ley marcial, en una cabaña de cazadores en una región remota del país.

Cuando finalmente lo liberaron, una multitud de unas mil quinientas personas se reunió alrededor de su apartamento para recibirlo.

El emocionante y esperado retorno a casa de Wałęsa demostró que todavía era un líder con un carisma considerable y, tanto si les gustaba o no a las autoridades comunistas, una gran fuerza política de Polonia.

Les prometió: «En mis futuras actuaciones seré valiente pero también prudente, y no hay nada a negociar al respecto. Hablaré y actuaré, no arrodillado, pero con cautela».

Durante los siguientes años, tanto él como su mujer, Danuta, fueron acosados por la policía para ser interrogados –en ocasiones durante varios días–, pero el ya no la temía. A raíz de su reunión con otros líderes de Solidaridad, fue amenazado con más períodos de detenciones.

Sin embargo, al final, el Gobierno polaco se mostró reacio a llevar el asunto mucho más lejos. Después de su liberación, Wałęsa dijo a los periodistas que sus interrogadores le habían ordenado no reunirse otra vez con los líderes de Solidaridad, pero con un tono desafiante dijo: «Volveré a hacerlo, tendré otra reunión».

El Premio Nobel de la Paz

Wałęsa ganó el Premio Nobel de la Paz en 1983. Las noticias sobre su valentía haciendo frente al desafío del poderoso Gobierno comunista provocaron aplausos y elogios en todo el mundo. Ronald Reagan lo calificó como «un triunfo de la fuerza moral sobre la fuerza brutal». Juan Pablo II, cuyo primer regreso a su tierra en 1979 contribuyó a lanzar el movimiento Solidaridad, envió a Wałęsa un telegrama de felicitación en el que aplaudió la «especial elocuencia» del premiado.

En la mención oficial, los cinco miembros del Comité Nobel Noruego alabaron la lucha de Wałęsa por «el derecho de los trabajadores a crear sus propias organizaciones», añadiendo que «una campaña por los derechos humanos es una campaña por la paz».

La valentía de Lech Wałęsa fue la contribución más importante a la desaparición del Gobierno comunista en Polonia tan pronto como la protección de la Unión Soviética dejó de respaldarlo. En 1990, Wałęsa, el valiente electricista de Gdańsk, fue elegido presidente de Polonia.

Lo que nos enseña el éxito de Wałęsa

- No importa lo humilde que sea nuestro origen; si tenemos coraje y compromiso para perseguir nuestros objetivos, nada puede detenernos.
- Como Wałęsa, tal vez «se nos imponga la grandeza». Nuestro desafío no es luchar contra la opresión, sino lograr el éxito. Nuestra oportunidad quizás sea empezar un negocio o desarrollar un territorio comercial inexplorado. Tal vez temamos las consecuencias, pero si confiamos en nosotros, venceremos los obstáculos y saldremos triunfadores.

Ir a por todas

Barry y Leon fueron dos de los despedidos cuando una empresa de Milwaukee redujo su plantilla. Para Leon significó una gran decepción y una desgracia. Lo manifestaba la expresión deprimida de sus rasgos. Parecía como si hubiera perdido a su mejor amigo y su último dólar. Iba con los hombros caídos, arrastraba los pies y llevaba ropa sucia y arrugada. Se quejó de que creía que había nacido bajo una estrella desafortunada; que había estado trabajando para aquella empresa varios años y que había sido fiel, legal y trabajador y que, aun así, lo habían despedido. De este modo, no podía ver la utilidad de intentarlo de nuevo porque, según explicaba, si no había sido capaz de salir victorioso del trabajo en el que tenía experiencia, no comprendía cómo podría tener éxito en cualquier otro. Estaba convencido de que era un fracasado. Esta idea dominaba sus pensamientos y llegó a la conclusión de que fracasar era su destino. Era fácil ver que este hombre joven estaba sufriendo de esta enfermedad desmoralizante: el desánimo.

Al contrario, Barry adoptó una perspectiva totalmente distinta ante este despido. Se levantaba cada mañana con una actitud como si se tratara de una nueva oportunidad para él. Siguió vistiéndose tan pulcramente como si fuera a trabajar. En su rostro no había ningún signo de derrota. Su actitud era la de un ganador. Tenía una mirada de determinación, casi desafiante. Parecía estar tan animado y contento que sus amigos pensaban que había obtenido una buena posición. Él les informó, sin embargo, de que seguía buscando trabajo, pero afirmó que no tenía la más mínima duda de que pronto encontraría uno, mejor que el que había perdido. Dijo —no con arrogancia, sino con un aire de tranquila convicción— que demostraría a la empresa que lo había despedido que no sabía a quién estaban renunciando, que no tenía la intención de ser un empleado perpetuo o cualquier otra cosa perpetua, que pretendía escalar hasta la cima, ser un empresario y que quería que la empresa constatara su progreso.

Barry entró en el mundo de los negocios y tuvo más éxito que la empresa para la que había trabajado. Sin duda, el tiempo lo situará al mando de una empresa más grande y le demostrará que tiene más capacidad ejecutiva, más empeño e iniciativa, más originalidad y recursos que aquéllos de los que su antigua empresa se había dado cuenta.

Ahora bien, la diferencia entre estos dos jóvenes empleados marca la distinción entre un ganador y un perdedor. El ganador es una persona que se levanta después de haberse derribado, con más determinación que antes, una persona a la que un contratiempo serio la impulsa a emprender actividades más importantes. Un fracaso temporal no significa mucho para esta persona; sólo es un capítulo de su vida.

☙

Si quieres fomentar tu valentía, haz aquello que temes y sigue haciéndolo hasta que tengas un historial de experiencias exitosas. Es la forma más rápida y segura jamás descubierta para conquistar el miedo.

Dale Carnegie

☙

Richard Branson: valentía en los negocios

Richard Branson, el empresario que revolucionó la industria de la música cuando fundó Virgin Records, buscaba nuevos desafíos. En 1984 vendió su empresa y decidió involucrarse en una aventura completamente nueva. Creó Virgin Atlantic Airways. ¿Por qué una aerolínea? Con el negocio de la música, Branson viajaba constantemente y estaba escandalizado por el mal servicio que proporcionaban la mayoría de las compañías. La creación de una aerolínea que tuviera una conciencia verdadera del cliente era un desafío que lo atrajo. Como muchos empresarios, consideró su experiencia directa como pasajero para crear una nueva empresa. Su valentía está ejemplificada en el hecho de que no sabía nada acerca de las aerolíneas. Sin embargo, por entonces tenía un gran conocimiento de lo que era ser un empresario.

A fin de atraer al público, aprovechó el hecho de ser una empresa pequeña que no tenía los obstáculos del papeleo burocrático. Ofreció vuelos baratos entre el aeropuerto Newark, cerca de Nueva York, y el aeropuerto de Gatwick, cerca de Londres. Del mismo modo que había fundado Virgin Records ofertando precios reducidos, ahora ofrecía billetes de avión baratos, atrayendo a los jóvenes consumidores deseosos de ahorrar.

Su estrategia fue simple: crear una aerolínea en la que le gustara viajar. Muchas personas tienen ideas sobre productos o servicios así, pero sólo el verdadero empresario tiene el valor de materializar sus ideas. Branson era un hombre de ese tipo. Muchos observadores pensaron que no tendría ninguna posibilidad de competir con la bien asentada British Airways, pero eso no disuadió a Branson, y siguió adelante.

A lo largo de varios años tuvo grandes pérdidas de dinero antes de que Virgin Atlantic empezara a dar beneficios. A pesar del consejo de banqueros y amigos de desistir antes de perder todo su dinero, Branson se mantuvo en sus trece. Cuando un periodista le preguntó cómo una persona podía convertirse en multimillonaria, Branson bromeó: «un multimillonario es alguien millonario que ha invertido en una aerolínea».

Actualmente Virgin Atlantic vuela a ciudades de todo el mundo y es sumamente rentable. Es la segunda mayor compañía aérea británica de largo recorrido y vuela con una flota de Boeing 747 y Airbus A340 a Nueva York, Miami, Boston, Los Ángeles, Orlando, San Francisco, Hong Kong, Atenas y Tokio.

La valentía de Branson se ha extendido a su vida personal, tal y como ejemplifican sus récords en carreras en barco y globo.

Lo que nos puede enseñar la historia de Branson

- No es necesario inventar o crear un producto o servicio nuevo para triunfar. Branson estudió el mercado y buscó negocios ya establecidos, pero que a su juicio, podía ofrecer una propuesta mejor, más eficiente o más barata.

- El éxito implica riesgo. Branson corrió riesgos en todos sus proyectos, el más notable de los cuales fue competir con la bien asentada British Airways. Branson encontró un nicho que British Airways había desatendido y lo llenó con el ofrecimiento de un coste menor y un servicio mejor.

- Branson supo actuar de acuerdo con sus convicciones. Creía que sus empresas triunfarían y no se rindió –aun cuando sufrió varios años de pérdidas– hasta que logró el éxito.

- Si estamos pensando en emprender un nuevo proyecto o ya estamos ocupados en nuestro propio negocio, deberíamos tener presente la experiencia de Branson. Si realmente creemos en el producto o servicio que vamos a ofrecer, deberíamos tener el coraje de entrar en los mercados competitivos. Branson no jugó arriesgadamente. Estaba dispuesto a correr riesgos prudentes sobre la base de una evaluación de la situación. Conocía las posibilidades y sólo se arriesgó cuando sintió que estaban a su favor.

Usarlo o perderlo

Uno de los motivos por los que tantos trabajadores nunca llegan a la cumbre es porque dejan de intentar escalar. Nunca han cultivado apropiadamente su ambición ni le han suministrado el combustible para mantenerla ardiente, cada vez más grande y brillante. La decadencia de la ambición en la juventud, su deterioro temprano, es un signo de decadencia prematura del individuo. Con el deterioro de la ambición, también disminuye la determinación y la valentía.

Al contrario, las personas jóvenes que mantienen con vida las llamas de su ambición, que protegen su ideal, no pueden sino salir bien paradas. Aquellos que permiten que decaiga, que se consuma en poco tiempo, nunca llegan a nada. Muchos jóvenes que confiaban en que dirigirían una empresa nunca alimentaron su ambición, y hoy son unos don nadie, personas que se valoran muy poco a ellas mismas o al mundo.

Tanto si nuestro talento es evidente o está bien definido, si no lo ejercitamos continuamente, se acabará deteriorando. La ley natural de «usar o perder» es operativa en todas partes. No es posible escapar de ella o ignorarla. Tanto si se trata de ambición, de talento o de una semilla plantada en el suelo, la ley es inevitable. Aquello que no se utiliza, se cuida o se cultiva, termina desapareciendo.

Pensar en el logro

Si dirigimos nuestro pensamiento hacia el logro, todos nuestros atributos nos indican éxito. Debemos expresarlo en nuestra manera de ser, nuestra vestimenta, nuestra conducta y nuestra conversación. Todo lo que hacemos debería estar relacionado con el logro y el éxito.

Constituye una ventaja maravillosa empezar cada mañana con la atención orientada hacia el éxito y el logro, impregnada de pensamientos de prosperidad y armonía, tanto si es mediante la repetición de fórmulas establecidas, como de algún consejo, o concentrando nuestro pensamiento en lo que estamos decididos a lograr. De esta manera, será mucho más difícil que la discordia se entrometa en nuestras labores del día. Si somos propensos a dudar de nuestra capacidad de realizar algo en particular, debemos entrenarnos para mantener la idea de que tenemos el valor de avanzar con firmeza y persistencia. La aceptación de nuestro poder y confianza en nosotros y en nuestra integridad, y de nuestra valentía inalterable, es lo que nos permitirá ser más fuertes y realizar, con vigor y facilidad, aquello que emprendamos.

Descubriremos que el mantenimiento perpetuo de estos ideales cambiará por completo nuestra perspectiva ante la vida. Enfocaremos nuestros problemas desde un nuevo punto de vista y la vida adquirirá un nuevo significado. Esta afirmación perpetua nos armonizará con nuestro entorno; nos permitirá estar satisfechos y felices. Nos ayudará a forjar nuestra individualidad y fuerza de voluntad. Permitirá que nuestra mente pueda pensar con más claridad y nuestros pensamientos sean más efectivos. Mantener despejada nuestra maquinaria mental conlleva pensamientos vigorosos y acciones decisivas.

Fortalecer la valentía y acabar con los temores

Si carecemos de alguna cualidad, podemos fortalecerla a base de una constante afirmación. Si nos falta coraje en algún lugar de nuestra naturaleza (lo que le ocurre a la mayoría de personas), podemos fortalecer la valentía afirmando constantemente que somos absolutamente intrépidos, que somos valientes, que nada puede dañarnos. Debemos pensar que el miedo simplemente es una sensación de peligro y que cuando confiamos plenamente en nosotros, no hay motivos para tener miedo.

Cada vez que sintamos que nos invade una sensación de miedo, debemos decir: «Soy absolutamente intrépido; no hay nada que temer; el miedo no es real; no es la esencia del ser. Sólo es ausencia de valor, basado en la ignorancia de la causa noble». Emerson sabía la ventaja de esta filosofía cuando dijo: «Animémonos con una afirmación incesante. No ladremos a lo malo, sino cantemos a las bellezas de lo bueno».

Debemos resolver no albergar nada en la mente que no deseemos que se convierta en realidad y evitar pensamientos envenenados, ideas que nos depriman o nos hagan infelices, de la misma manera instintiva con la que evitamos las amenazas físicas de cualquier tipo. Debemos sustituir los pensamientos disonantes o infelices, o pensamientos de debilidad y sufrimiento, por pensamientos alegres, esperanzadores y optimistas. Deberíamos instaurar el hábito de proponernos temas más agradables o placenteros por los que preocuparnos o en los que pensar, o hacer nuestra alguna palabra o idea que nos sugiera placer, felicidad y armonía. Nos sorprenderá lo rápido que podemos llegar a cambiar el curso de nuestros pensamientos. Cuando modifiquemos nuestros pensamientos, nuestros sentimientos también cambiarán. Amentaremos nuestro coraje y confianza, y con ello ya tendremos la batalla medio ganada.

Diálogo interior

Como he apuntado en el primer capítulo de este libro, cuando nuestros miedos o desánimos empiezan a acceder a nuestra mente, podemos reafirmar nuestra resolución si nos damos un discurso motivacional. El diálogo interior es simplemente una manera de crear un argumento capaz de superar cualquier examen gracias al peso de la evidencia. Cuanto más potente y convincente sea la evidencia, más creíble y poderoso será el mensaje. Es una discusión interna que todos debemos tener de vez en cuando. Se trata de una herramienta para retomar el control de lo único de lo que tenemos un control supremo todo el tiempo: nuestro pensamiento.

ભ

La inactividad produce dudas y miedo. La acción engendra confianza y coraje. Si uno quiere conquistar el miedo, no debe sentarse en casa y pensar sobre ello. Debe salir afuera y ponerse las pilas.

Dale Carnegie

ભ

Tomar una decisión y llevarla a cabo sin vacilar

Una de las principales causas que conducen al fracaso total, a un resultado frustrante o a un éxito parcial es la vacilación.

Muchos empresarios han logrado su fortuna gracias a que en algún momento agradable han tomado la decisión inmediata de correr un riesgo considerable. Sin embargo, muchos fracasos se deben a no haber pensado detenidamente los cambios y a una vacilación innecesaria. Las personas decididas, que saben lo que quieren y lo hacen, siempre salen adelante; las personas vacilantes, aunque sean firmes en otros aspectos, se quedan atrás en la carrera de la vida.

Si somos personas vacilantes, si hemos adquirido el hábito de dudar o de sopesar, considerar y reconsiderar, y si casi nunca sabemos lo que queremos, nunca seremos líderes. Los líderes no están hechos de esta materia, porque aunque les falten otras cualidades, conocen su propia mente. Saben lo que quieren y se dirigen directamente hacia ello. Tal vez cometan errores; quizás se vengan abajo de vez en cuando, pero siempre se ponen de pie en seguida y siguen adelante.

Las personas que toman decisiones rápidamente pueden permitirse cometer errores, porque por muchos que cometan, progresarán con más rapidez que aquellos que son tímidos, vacilantes y que están tan atemorizados por equivocarse que no se atreven a empezar nada. Aquellos que esperan a estar seguros, que aguardan en la orilla de la corriente a la espera de que alguien los empuje, nunca llegan a la otra orilla.

Un gran número de personas parece tener un miedo mortal a tomar decisiones. No se atreven a asumir la responsabilidad porque no saben a dónde les podría llevar. Temen que si hoy decidieran alguna cosa, algo mejor surgiría mañana que haría que se arrepintieran de su primera decisión. Estos habituales dudosos pierden completamente la confianza en sí mismos de un modo tal que no se atreven a confiar en sí mismos para decidir nada importante. Muchos de ellos arruinan mentes brillantes por naturaleza porque alimentan el terrible hábito de la indecisión.

No existen dos palabras en inglés que destaquen tanto como las palabras *I will*. Hay fuerza, profundidad y solidez, decisión, confianza y poder, determinación, coraje, vigor e individualidad, en el tono rotundo y sonoro que caracteriza su pronunciación. Nos hablan del triunfo a pesar de las dificultades, de la victoria frente al desánimo, de una voluntad de prometer y una fuerza para actuar, de iniciativas nobles y osadas, de aspiraciones ilimitadas, y de los mil y un impulsos que nos permiten dominar los impedimentos en el camino del progreso.

Lo más importante

- Cuando la fe en nosotros y en nuestra misión es la nota dominante de nuestra vida, nada puede desalentarnos, ninguna fuerza puede impedirnos triunfar. Aunque tengamos otras debilidades, defectos y deficiencias, nuestra fe será la poderosa convicción de nuestra capacidad para llevar a cabo aquello que emprendemos.
- Tanto si nuestro talento es evidente o está bien definido, si no lo ejercitamos continuamente se acabará deteriorando. La ley natu-

ral de «usar o perder» es operativa en todas partes. No es posible escapar de ella o ignorarla.

- El reconocimiento del potencial de la afirmación, del hábito de pensar con persistencia y afirmación que somos quien deseamos ser y que podemos hacer lo que deseemos, revolucionará nuestra vida por completo, nos eximirá de la mayoría de infortunios y problemas y nos llevará a unas alturas que apenas soñamos.
- No podremos cumplir todo en este mundo hasta que afirmemos de un modo u otro que podemos lograr aquello que emprendemos.
- El peor enemigo del éxito es la pereza total y absoluta.
- Vacilar en la toma de decisiones nos llevará al fracaso, a resultados frustrantes o a éxitos parciales en nuestros intentos.
- Las circunstancias adversas nos hacen más fuertes. La adversidad nos otorga el gran poder de la resistencia. Superar una barrera nos proporciona más capacidad para superar la siguiente.
- Las dudas, los miedos, el pesimismo y los pensamientos negativos envenenan el origen mismo de la vida. Minan la energía, el entusiasmo, la ambición, la esperanza y la fe, es decir, todo lo que hace que la vida sea más sana, vital y creativa. Debemos hospedar únicamente a los amigos mentales de nuestra ambición, aquellos que nos ayudarán a llevar a cabo nuestro ideal, que nos ayudarán a hacer realidad nuestros sueños y a unir nuestra visión con la realidad.
- La humanidad se creó para hacer cosas. Nada más puede ocupar el lugar del éxito en su vida. La verdadera felicidad sin conseguir alguna meta valiosa es impensable.
- La manera de aprender a correr es corriendo, la manera de aprender a nadar es nadando. La manera de aprender a desarrollar la valentía es mediante el verdadero ejercicio de la valentía en el negocio de la vida. Si seguimos los ejemplos de líderes tan importantes como Lech Wałęsa y Richard Branson, aprenderemos a ejercitar la valentía en nuestros intentos.

Capítulo 8

Derrotar la derrota

A menudo tememos emplear nuevas ideas, correr nuevos riesgos o probar enfoques inusuales para solucionar problemas porque tenemos miedo de fracasar. El miedo al fracaso es un rasgo de los seres humanos. Nadie quiere sufrir el dolor de la derrota, pero ninguna tentativa puede triunfar a menos que se intente, y con cada intento existe el riesgo de que no funcione.

Aprendemos de nuestros fracasos

Todos hemos fracasado en muchas de las cosas que hemos intentado a lo largo de nuestra vida, pero aprendemos de nuestros errores y empleamos lo que aprendemos para superarlos. La primera vez que intentamos algo nuevo, es probable que no obtengamos los resultados esperados. Cuando la pequeña Tricia intentó encajar su primer rompecabezas, lloró de la frustración. Las piezas no encajaban. Pero con paciencia y un poco de orientación de su madre, empezó a identificar los dibujos y en poco tiempo sus fracasos se convirtieron en logros. La primera vez que Johnny se encaró a un lanzador en un partido de béisbol, no pudo golpear la pelota. Bateó una y otra vez, hasta que realizó el movimiento necesario para reemplazar los errores por aciertos.

Seguir intentándolo

Aun cuando tenemos experiencia y habilidades, no siempre tenemos por qué triunfar. Habrá momentos en los que fracasemos, pero no debemos dejar que el concepto de fracaso nos abrume. Aprendemos de nuestros errores y empleamos lo que aprendemos para superarlos.

R. H. Macy tuvo que cerrar sus primeras siete tiendas, pero en vez de darse por vencido, siguió intentándolo y se convirtió en uno de los comerciantes líderes estadounidenses. Babe Ruth falló más de mil trescientas veces a lo largo de su carrera deportiva, pero los fallos han caído en el olvido gracias a sus setecientos catorce cuadrangulares.

$\backsim$

Haz aquello que temes y sigue haciéndolo... Es la forma más rápida
y segura jamás descubierta para conquistar el miedo.

Dale Carnegie

$\backsim$

Buscar la causa

Thomas Edison nunca se rindió, pero la perseverancia por sí sola no es suficiente. Cada vez que alguno de sus experimentos salía mal, estudiaba cuál había sido la causa de su fracaso y seguía buscando soluciones. Se dice que falló casi mil veces antes de elaborar el filamento que permitió el funcionamiento de la bombilla.

No sólo los grandes genios y campeones deportivos se han enfrentado y han superado fracasos y frustraciones. Todos nosotros, en nuestros trabajos y en nuestras vidas personales, debemos contar con derrotas de vez en cuando y estar preparados para vencerlas.

Justine estaba desconcertada. Creía estar segura de que las modificaciones que había recomendado acelerarían el proceso de las nóminas, pero para su sorpresa, sus alteraciones lo habían ralentizado. Las críticas de su jefe le hicieron sentir todavía más ridícula por lo que había hecho. Pero, en lugar de rendirse, intentó descubrir qué había hecho que fallara su idea. Se dio cuenta de que el concepto en sí era válido, por lo que la causa debía de estar en la manera en que se había implementado. Introdujo cambios en la formación que debían recibir los empleados en el nuevo procedimiento y convirtió el fracaso en un logro.

Minimizar los riesgos

Todas las ideas nuevas son arriesgadas. Si no han resultado fructuosas en el pasado, hay bastantes probabilidades de que no prosperen ahora. Cuando Paul ideó un plan de marketing único para la introducción de un producto nuevo que su empresa había desarrollado, identificó muchos imponderables que podían frustrar su objetivo.

A fin de identificar qué obstáculos podría encontrarse, decidió evaluar el producto en tres ciudades antes de elaborar los planes finales para una distribución nacional. Con cada evaluación fue capaz de identificar las posibles áreas problemáticas y trabajó para superarlas. Para cuando empezó la campaña de marketing nacional, había detectado y corregido la mayoría de los errores y las posibilidades de triunfar aumentaron enormemente.

Buscar soluciones alternativas

Si el nuevo programa que Peter había creado no funcionaba —ni iba rápido— la empresa se encontraría en problemas serios. Peter sabía que la idea era buena, pero era nueva y nunca se había probado. Si fallaba, no habría tiempo para evaluar las causas y realizar los ajustes necesarios. Sencillamente, tenía que funcionar con inmediatez.

Para protegerse a sí mismo y a su empresa en caso de que hubiera problemas con el nuevo programa, Peter ideó una solución alternativa, menos innovadora y con pocas posibilidades de que fuera tan efectiva como el plan original, pero al menos serviría como una solución provisional. De este modo, si el plan original no triunfaba, como mínimo el problema estaría bajo control. Luego podría investigar con más profundidad para determinar por qué el plan no había funcionado y tomar medidas adicionales para permitir su funcionamiento.

Psicoanalizarnos para triunfar

Cuando un plan o concepto falla, las personas involucradas es probable que se depriman y algunas pueden rendirse fácilmente. Debemos contar con la posibilidad de fracasar y, de vez en cuando, tal vez tengamos que enfrentarnos a una derrota.

Andrea estaba desolada. Estaba casi segura de que sus sugerencias resolverían la situación, pero a pesar de todos sus esfuerzos, no cumplió con su misión. «Soy un desastre –pensó–. No estoy a la altura de este tipo de situaciones.»

Si esta actitud persistiera, Andrea no sólo se seguiría sintiendo desgraciada, sino que le impediría pensar con claridad acerca de otras maneras posibles de abordar el problema.

Debemos aceptar que todos fracasamos de vez en cuando y que no es algo de lo que debamos avergonzarnos. Un discurso motivacional nos ayudará a recordar que los fracasos forman parte de las tentativas y que, a menos que sigamos innovando, nos quedaremos estancados.

Debemos recordar todos los éxitos que hemos logrado –a menudo después de fracasar primero– y continuar diciéndonos que lo que hemos podido hacer con anterioridad, podemos hacerlo de nuevo. El fracaso es una situación temporal. Lo hemos superado en el pasado y podemos superarlo otra vez y triunfar de nuevo.

Apoyar a los trabajadores cuando fracasan

Los gerentes y los supervisores tienen una responsabilidad adicional. Deben estar dispuestos a tratar los fracasos de sus trabajadores. Por supuesto, habrá momentos en los que un subordinado nos decepcione debido a una tentativa infructuosa. Es tentador reñir a esta persona o, incluso peor, despedirla. Una actuación precipitada puede ocasionar la pérdida o la desmoralización de un trabajador potencialmente bueno.

Un gerente intermedio de IBM cometió un grave error que le costó a la empresa cien mil dólares. Cuando Thomas Watson, el hombre que había convertido IBM en el gigante que es actualmente, le pidió que acudiera a su despacho, creyó que lo iba a despedir. «Ha sido culpa mía –le dijo al director–, supongo que quiere mi renuncia.»

«Eso es un disparate –dijo Watson–, simplemente he invertido cien mil dólares en tu formación. Ahora sácale partido y vuelve a trabajar.»

Los empresarios deben saber que si sus trabajadores quieren crecer, debe ofrecérseles la oportunidad de fracasar. De lo contrario, temerán adoptar enfoques nuevos, creativos o distintos.

Recuperar el rendimiento

Ello no significa que debamos ignorar los fracasos, los errores o las malas actuaciones simplemente para mantener la moral de los trabajadores. Es responsabilidad del empresario proporcionarles la formación adecuada para que triunfen.

En el Dale Carnegie Training, se enseña a los participantes un programa de seis pasos para lograr que los trabajadores vuelvan a rendir.

Paso 1: Construir un terreno común
Primero deberíamos buscar maneras de construir un terreno común entre la persona con la que estamos trabajando y nosotros y establecer

una buena relación. Una buena relación es una reserva de buena voluntad y confianza mutua acumulada durante un largo período de tiempo de trato justo. Cuando nos veamos, podemos empezar haciendo que esta persona se sienta a gusto y reduzca su ansiedad. Ayudarla a que se sienta cómoda. Comunicarnos con ella con empatía y a continuación tender un puente en la conversación hacia el tema en cuestión.

Paso 2: Suavizar

Suavizar el lenguaje para evitar la brusquedad y la posibilidad de poner al individuo a la defensiva. Buscar una manera cómoda de pasar de la creación de una buena relación al tema que es preciso abordar.

En lugar de decir simplemente «no es correcto», podemos suavizar este comentario diciendo algo del estilo: «Ya que veo que está en camino de solucionarlo, podría sugerir…» y luego explicar cómo lograr mejorar.

Paso 3: Centrarse en el problema y no en la persona

En este paso debemos centrarnos en el problema y no en la persona. Eliminar los pronombres personales y despersonalizar el problema. Es la acción la que fue la equivocada, no la persona que la realizó. Queremos darle a la otra persona una oportunidad para explicar lo que sucedió y luego hacerle saber que conocemos el problema. Deberíamos escuchar para comprender y determinar si está haciéndose responsable o está culpando a los demás y evitando la responsabilidad. El objetivo es reunir los hechos y la información para ser capaces de identificar con precisión el problema y el motivo por el que ocurrió. Podemos minimizar su actitud defensiva haciéndole preguntas en vez de saltar a las conclusiones; las distintas perspectivas saldrán a la luz y podremos identificar la causa principal del problema.

Paso 4: Explorar juntos las opciones

El objetivo de este paso es remediar el problema, reducir las posibilidades de que vuelva a ocurrir el error y restablecer el rendimiento de la persona. También implica planificar para idear una manera de evitar que ocurra de nuevo el problema. Es aconsejable que haya retroalimentación.

Este paso debe es diferente con el trabajador que acepta la responsabilidad que con el trabajador que culpa y evita hacerse responsable. Con el trabajador responsable, podemos emplear preguntas efectivas, escucharlo y prepararlo para que se anime a proponer maneras de corregir la situación. Los trabajadores pueden involucrarse en el análisis de un problema y en un proceso de toma de decisiones, y es más probable que estén comprometidos cuando ayudan a proponer la solución. Con el trabajador que «culpa» o «evita», el jefe puede necesitar primero reafirmar las expectativas del rendimiento y preparar para la aceptación de la responsabilidad a fin de restablecerla. Debe comprobar la comprensión y tratar de hallar consenso.

Paso 5: Establecer el compromiso

Este paso está centrado en la persona. Obviamente, una persona que ha cometido un error se siente fracasada hasta cierto grado, y es probable que esté menos inclinada a abordar la siguiente oportunidad con confianza. Por consiguiente, el jefe necesita ayudar al trabajador a ver la situación en un contexto distinto.

El trabajador necesita volver a estar seguro de su valía e importancia para la empresa y del apoyo y la aprobación del jefe. El trabajador debería salir de la sesión motivado para lograr un rendimiento óptimo porque percibe una relación sólida con la empresa. Debería afirmarse su compromiso para restablecer un buen rendimiento y el compromiso de la empresa para su éxito.

Paso 6: Asumir la responsabilidad

El trabajador debería salir de la sesión con una sensación de responsabilidad y una comprensión de las expectativas de la empresa.

A veces el trabajador no encaja bien con una tarea, proyecto o departamento determinado. Tal vez necesitemos explorar cuáles son sus puntos fuertes, intereses y objetivos y buscar a alguien que encaje mejor en la empresa para obtener mejores resultados. Es una injusticia para los trabajadores y las empresas el hecho de perpetuar una situación en la que los individuos sienten que no pueden tener éxito. El último recurso después de que los intentos de prepararlos para que tengan el rendimiento deseado hayan resultado infructuosos, es desvincularlos de esta área de responsabilidad.

Perseverancia e innovación

No siempre nuestros esfuerzos logran el resultado esperado. La amargura del fracaso está intercalada con la alegría del éxito. Tratar con los fracasos de manera constructiva generalmente nos permite convertirlos en éxitos.

Cuando Lee Lacocca fue despedido de la empresa Ford Motor Company, había tocado fondo. Es bien sabido cómo logró convertir esta derrota en un éxito en su nuevo trabajo como director de Chrysler. En su autobiografía escribió que, inmediatamente después de empezar su nuevo empleo, se encontró con la probabilidad de una derrota incluso más devastadora. Chrysler estaba al borde de la bancarrota. Una persona de menor valía habría abandonado de inmediato en lugar de ir de un fracaso a otro. Pero gracias a un pensamiento innovador y a la perseverancia, Lacocca se enfrentó a esta crisis y la superó.

Cambiar de rumbo

Don era más que un músico ordinario. Su sueño era ser un violinista famoso. Después de graduarse de la prestigiosa Juilliard School of Music, se inscribió en varias competiciones importantes pero nunca estuvo en el grupo de los ganadores. Después de todos aquellos años de estudio se dio cuenta de que, a pesar de que era un violinista competente, no tenía las cualidades necesarias para llegar a lo más alto. Podía poner el listón más bajo y convertirse en el miembro de una orquestra sinfónica, un empleo que le daría un trabajo estable y en el que todavía podría usar sus talentos. Sin embargo, Don tenía el deseo de ser el más destacado de su campo, no sólo uno de muchos músicos.

Revisó cuidadosamente sus opciones y advirtió una verdadera escasez de músicos entendidos en la producción final en la industria discográfica. Fue contratado por una importante empresa de grabación como asistente de producción de grabaciones clásicas. Sus talentos y conocimiento en su campo pronto lo llevaron a la promoción y finalmente a la dirección de su departamento.

Varios años después, Don se enfrentó a otra crisis importante. A fin de adoptar medidas de ahorro, se recortaron gastos de la división Classical Record Department, que nunca había sido una fuente importante de dinero. Don fue despedido. Nuevamente, Don tuvo que cambiar su rumbo. Se estableció como asesor de producción y ofreció sus servicios a su anterior empresa y a otras compañías de grabación. Con su historial de logros en la producción de grabaciones clásicas, pronto se convirtió en uno de los productores independientes líderes de su campo.

En dos ocasiones, Don, en lugar de lamentar sus fracasos, convirtió la derrota en éxito analizando de sus puntos fuertes y cambiando el rumbo para sacar el mayor partido de sus talentos.

Modificar los objetivos

Cuando Christine recibió su última carta de rechazo de las escuelas de medicina a las que había enviado una solicitud, estaba angustiada. Toda su vida había planeado ser médico. En la universidad todos los cursos que había hecho estaban dirigidos a la profesión de medicina. Era una estudiante brillante y no había pensado que encontraría problemas para ser aceptada en una escuela de medicina. Sin embargo, sus notas en los cursos de ciencias eran más bajas de lo deseado para continuar con su formación médica.

Después de dos días meditando, Christine se dio cuenta de que debía tomar una decisión sobre lo que hacer a continuación. Examinó muchas posibilidades en el campo de la medicina, entre las cuales incluía solicitar un puesto en las escuelas de medicina de otros países, conseguir un trabajo en un campo relacionado con la medicina o repetir los cursos de ciencia para conseguir más nota y así poder solicitar de nuevo una plaza en aquellas escuelas que la habían rechazado. Ninguna de estas opciones la atraía. Una introspección seria seguida de charlas con amigos, padres y consejeros, le hicieron darse cuenta de que sus bajas notas en los cursos de ciencias no se debían a su falta de capacidad, sino a que no tenía un interés profundo en ellos. A lo largo de los años sus verdaderos intereses habían cambiado, pero éstos no se habían reflejado en sus aspiraciones profesionales.

Volvió a pensar sus objetivos y, con ayuda de una asesoría de orientación profesional, Chris identificó que tenía muchos talentos y oportunidades abiertas en muchos campos. Modificar sus objetivos en este momento de su vida probablemente la salvó de perseguir una profesión en la que pudo haber sido infeliz.

Regresar a los éxitos pasados

Después de muchos años siendo uno de los mejores analistas financieros de su empresa, Joel fue promocionado a interventor de la división. Joel no tardó mucho tiempo en darse cuenta de que este nuevo trabajo lo superaba. Su habilidad era trabajar con números y ahora gran parte de su trabajo era tratar con personas. Supervisaba un equipo de cuarenta contables, informáticos y administrativos.

Pasaba buena parte de su tiempo en reuniones con otros gerentes, banqueros, otras instituciones financieras y su propia dirección. Al término del primer año, su jefe le había hablado y aconsejado varias veces sobre la falta de rendimiento en su departamento.

Estaba al borde de renunciar y buscar otro empleo, cuando el interventor de la empresa fue a visitar su división desde la sede central. «Joel –le dijo–, tú eras uno de los mejores analistas financieros que teníamos en esta empresa. Tus análisis eran brillantes. Sin embargo, en tu puesto actual no logras buenos resultados. Si estás dispuesto a volver a tu antiguo trabajo, creo que estarás más contento y, sin duda, serás más valioso para la empresa.»

Retroceder generalmente es visto como una derrota. Significa admitir que no hemos podido triunfar en una posición de más nivel y a menudo es un golpe duro para el propio ego. Sin embargo, la historia está repleta de personas que ascendieron a posiciones que estaban por encima de su nivel de competencia. Las personas tienen distintos puntos fuertes y debilidades. Deberíamos ser capaces de aceptar que no podemos ser todo para todos. Al retroceder a su antigua posición, Joel pudo volver a ser importante para su empresa y para sí mismo.

Charles Kettering, el creador del arranque automático de automóviles y de muchas otras invenciones, vendió su empresa a General Motors donde fue designado vicepresidente a cargo de varias operaciones.

Kettering era un administrativo espantoso, y los departamentos que dirigía no cumplían con los criterios fijados por la empresa. Kettering finalmente fue relevado de sus funciones de gestión y se concentró únicamente en las invenciones. Tanto él como General Motors se beneficiaron porque ahora podía trabajar exclusivamente en las áreas en las que más destacaba.

Los fracasos y las derrotas no deberían conducir a la depresión y la lamentación. Debemos analizar los motivos de la derrota y determinar cómo podemos cambiarlos para lograr lo que deseamos.

Desarrolla el éxito de los fracasos. El desaliento y el fracaso son dos de los jalones más seguros hacia el éxito.

Dale Carnegie

Superar las decepciones del trabajo

Cuando Victor entró en su empresa, se fijó el objetivo de ser gerente de la sucursal en cinco años. Ahora, cuatro años después, ni siquiera está cerca de lograr su objetivo. Se siente triste, decepcionado y desmotivado. Sus pensamientos oscilan de soñar con un cambio repentino de su fortuna a lamentar su mala suerte.

¿Por qué Victor no ha cumplido su meta? Quizás se debe a circunstancias que están más allá de su control, como una recesión o una difícil situación competitiva. O tal vez Victor no ha demostrado sus mejores habilidades en las tareas que se le han asignado. Si se trata de la primera posibilidad, Victor puede necesitar fijarse nuevos objetivos y buscar un nuevo empleo en el que las circunstancias sean más favorables.

Las promociones deben merecerse

Sin embargo, el motivo por el que uno fracasa en su ascenso en la empresa puede no deberse a factores externos. Tal vez se trate de que Victor no se ha ganado la promoción esperada. Fijarse un plazo no es suficiente. Victor debería reevaluar su trabajo, hablar con su supervisor acerca de cómo puede mejorar y adquirir más formación a fin de prepararse para ascender a la posición que le gustaría.

Meredith estaba muy disgustada. Su jefa se había jubilado y había esperado ocupar su puesto. Después de todo, era la persona más veterana del departamento y su trabajo siempre era correcto. No sólo no fue promocionada, sino que la empresa contrató a alguien externo que no sabía nada acerca del departamento. «No es justo.»

Bien, ¿por qué Meredith no obtuvo el puesto de su jefa? Cuando una empresa elige a una persona para una posición de liderazgo, sin duda considerará la historia laboral de la persona, su confiabilidad y su competencia, pero también debe buscar personas con las características que muestren que tienen algo más que competencia técnica. Deben tener los ingredientes especiales que les hacen destacar. Deben ser personas que han mostrado estar dispuestas a esforzarse al máximo para realizar más que el trabajo rutinario.

Esforzarse

Jack, vicepresidente ejecutivo, iba a reunirse con Leo, un directivo intermedio que estaba a punto de jubilarse. Después de terminar de hablar del traspaso del trabajo de Leo a su sucesor, Leo dijo: «Jack, hay algo que he tenido en la mente durante mucho tiempo. Durante años, me ha molestado y frustrado, pero mientras no me jubilara no iba a atreverme a preguntártelo. Tú y yo empezamos en esta empresa aproximadamente en el mismo momento. Tú eres el vicepresidente ejecutivo y yo nunca he ascendido de mi dirección de nivel medio. ¿Dónde me equivoqué? He hecho un trabajo excelente. Mis jefes siempre me han hecho valoraciones excelentes. Siempre he hecho todo lo que se me ha pedido y lo he hecho bien. ¿Qué has hecho tú que yo no haya hecho para estar tan por delante de mí?».

«Leo, acabas de responder a tu propia pregunta. Siempre has hecho todo lo que se te ha pedido, *pero eso ha sido todo lo que has hecho*. Yo llegué donde estoy porque llegué a hacer más de lo que tenía que hacer en mi trabajo regular. Me ofrecí voluntario para encargarme de tareas que nadie más quería. He promovido ideas y se las he vendido a la alta dirección. Sin duda corrí riesgos, porque algunos podrían no haber funcionado y haberle costado dinero a la empresa, y otros fracasaron, pero en conjunto me volví imprescindible para la empresa. Cuando sentí que había hecho todo lo que podía en el departamento que tenía, pedí que me trasladaran a otro departamento para poder aprender más sobre la empresa y contribuir de más maneras. Realizar bien el propio trabajo es importante, y es la base de todo lo demás. Pero no limitarse a hacer sólo lo que uno tiene que hacer es lo que lleva a uno a llamar la atención de la alta dirección, que es quien decide quién asciende.»

Hay demasiadas personas que son como Leo y Meredith y tal vez como Victor. Hacen un buen trabajo y esperan que con esto sea suficiente. Es importante, pero como dijo Jack, uno tiene que esforzarse para tener éxito realmente.

Comprender por qué

Si nos estamos quedando por debajo mientras otras personas son promocionadas, debemos pensar detenidamente qué podemos hacer para ganarnos el derecho a que se nos tenga en cuenta para la próxima oportunidad. Podemos responder estas diez preguntas:

1. ¿Qué puedo hacer para que la empresa valore más mi trabajo actual?
2. ¿Qué puedo hacer por esta empresa que no esté haciendo ya?
3. ¿De qué maneras puedo mejorar la realización de tareas en mi departamento?
4. ¿Qué aspectos nuevos podría aprender para ser más valorado por esta empresa?
5. ¿Qué pasos debería dar para que mis jefes sepan que estoy dispuesto a asumir más responsabilidades?
6. ¿Qué puedo aprender sobre el funcionamiento de los demás departamentos que pueda encajar con mis objetivos?

7. Si ya he hecho lo máximo posible en mi puesto actual, ¿hay otros puestos de trabajo dentro de la empresa que pueda ocupar?

8. ¿Existen tareas que los demás no estén dispuestos a realizar y para las cuales pueda ofrecerme voluntario?

9. ¿Cómo puedo mejorar mis logros como director tratando que mis trabajadores actúen mejor?

10. ¿Estoy dispuesto a comprometerme y a someterme a los sacrificios y riesgos necesarios para ganarme el derecho a subir por la escalera de la dirección?

Ser dueños de nuestro propio destino

No debemos culpar al sistema de nuestras frustraciones… a menos que sea verdaderamente culpa del sistema. Si una verdadera evaluación del motivo por el que no estamos alcanzando nuestros objetivos nos muestra que podemos hacer algo para vencer lo que nos está reteniendo, debemos identificar qué es lo que no estamos haciendo y corregirlo. Si tomamos medidas abiertamente para convertirnos en trabajadores sobresalientes, y no simplemente en buenos trabajadores, nos colocaremos en la carretera del éxito en nuestras profesiones.

∾

Todos podemos sufrir calamidades y tragedias y vencerlas si es necesario. Tal vez no creamos que podemos, pero tenemos unos recursos internos sorprendentes que nos permitirán lograrlo si simplemente hacemos uso de ellos. Somos más fuertes de lo que creemos.

Dale Carnegie

∾

Levantarse

No es extraño que una gran decepción, ya sea en los negocios o en otros aspectos de la vida, haga caer en picado nuestra moral y constituya un gran golpe para nuestra confianza en nosotros. A menos que tomemos medidas correctivas de inmediato, esta situación puede degenerar en sentimientos de lástima por nosotros, de fracaso y de infelicidad.

«Creo que jamás me recuperaré de la pérdida de esta cuenta», pensó Clyde. Estaba profundamente deprimido. Durante varios años, su mayor cliente, la empresa Lincoln Manufacturing Company, había representado el 30 por 100 de sus ingresos. Acababa de enterarse de que la empresa iba a cerrar su planta de Toledo y a consolidar sus operaciones en sus instalaciones de Houston.

Durante las siguientes semanas, Clyde estuvo lamentando su pérdida. Su jefe de ventas le dio palabras de ánimo, trató de animarlo para que intentara obtener nuevas cuentas y le proporcionó más contactos, pero nada parecía ayudar.

Llamó a posibles clientes, pero sus presentaciones fueron mediocres, sus dudas sobre sus capacidades se trasmitieron al cliente y no consiguió la venta.

Estos fracasos añadidos a la pérdida original empeoraron la situación. Clyde se sumió en un estado de profunda melancolía y consideró seriamente abandonar las ventas y buscar una profesión menos exigente.

Fijar metas realistas y alcanzables

Clyde se había esforzado mucho para convertirse en un vendedor exitoso. No sería acertado tirar por el desagüe todos estos años buenos. Con ayuda de su jefe de ventas, se abrió paso a través de las etapas de «duelo» que siguen a una a pérdida importante. Finalmente aceptó el hecho de que la pérdida del cliente no tenía que ver con su competencia. Todavía tenía la misma capacidad y motivación que le había permitido vender a Lincoln y a todos sus demás clientes durante años. Tenía que empezar de nuevo con una confianza y un entusiasmo renovados. La única manera de ganar esta confianza era haciendo ventas exitosas. Se fijó nuevas metas y las discutió con su jefe.

—Art, voy a reponer este negocio en seis meses.

—Bien, Clyde, ¿cuál es tu plan de acción?

—Voy a trabajar, a trabajar durante mucho tiempo y con mucho esfuerzo y lo lograré.

—Me alegro de que te sientas así, pero estudiemos el mercado para fijar metas realistas. Si te estableces una meta demasiado exigente en un período demasiado corto de tiempo, es probable que no lo consigas. Es más importante que te fijes metas menores que puedas alcanzar con seguridad y que luego las desarrolles.

Art tenía razón. La mejor manera de levantarse es experimentando nuevos éxitos. Si los objetivos iniciales son demasiado exigentes, es menos probable que se logren. Fijarse metas realistas y alcanzables, cada vez que logramos un objetivo podemos añadir credibilidad a la imagen que tenemos de nosotros mismos.

Nos estamos demostrando que somos capaces y esto construye unos fundamentos sólidos para nuestro siguiente paso. El éxito produce éxito y, siguiendo el consejo de Art, Clyde no sólo fue capaz de reponer sus negocios perdidos, sino que también pudo incrementar sus ventas totales durante los siguientes meses.

Centrarse en logros previos

El matrimonio de Marybeth había sido un desastre. Los continuos reproches de su ex marido habían convertido a una mujer entusiasta y segura de sí misma en una derrotista asustada y abatida. Se había casado justo después de graduarse en la universidad y, a pesar de que quería ser profesora, su marido la convenció para que trabajara de administrativa en un banco. Sentía que podía hacer algo mejor, pero su marido siempre le decía que no era capaz de ocuparse de ningún cargo de responsabilidad. Él siempre encontraba defectos a todo lo que hacía e inflaba su ego a base de degradar el de ella. Tres años después, Marybeth se divorció y trató de construirse una nueva vida.

Revisó su pasado y se dio cuenta de que en la universidad era más feliz y más triunfadora.

Se matriculó en una universidad local para continuar su educación. Su participación en clase, sus informes de investigación y sus excelentes notas reforzaron la imagen que tenía de sí misma como triunfadora. Esta perspectiva le dio el valor para matricularse en un máster, en el cual ha logrado tan buenos resultados que le han ofrecido formar parte de la facultad cuando obtenga su graduado.

A raíz de centrarse en logros pasados y de buscar ocasiones para repetirlos, Marybeth logró salir de su abatimiento y levantarse para vivir una vida feliz y satisfactoria.

Convertir la «preocupación» en «inquietud»

Carlos no podía dormir. Estaba sumamente preocupado. En una semana su nuevo jefe iba a tomar el mando de la empresa. Un desconocido. Se había llevado de maravilla con su antiguo jefe, pero cuando se jubiló, en vez de designar a alguno de los veteranos para el puesto de supervisor, se contrató a un desconocido. «Quizás este tipo nuevo sea demasiado duro; tal vez yo no le agrade.»

Durante los siguientes días en el trabajo estaba nervioso y tenía grandes dificultades para dormir. Vio que su amigo y compañero de trabajo Tony no parecía estar preocupado, de modo que le preguntó: «Tony, ¿no estás preocupado por el nuevo jefe?».

Tony asintió con la cabeza. «Sí, estoy inquieto. Podría hacer algunos cambios. Pero no estoy preocupado. ¿Qué es lo peor que podría ocurrir? Lo peor es que me despida. Si lo hace, como aquí he adquirido buenas habilidades, simplemente buscaré otro trabajo. Sin embargo, no hay ningún motivo real por el que deba despedirme. He hecho un buen trabajo y seguiré haciéndolo. Si hace cambios, podré soportarlo. Y si no puedo, hay otros trabajos por allí. ¿Por qué preocuparse?»

Carlos se tomó a pecho estas palabras y fue capaz de trabajar sin preocuparse y de no perder más horas de sueño. Por supuesto que estaba inquieto, pero al seguir estos preceptos de controlar la preocupación, fue capaz de manejar esta situación con seguridad.

Superar la tristeza

Todos tenemos en nuestro interior la capacidad de levantarnos y de superar aquellas depresiones que nos entristecen cuando las cosas van mal. Podemos trabajar para corregir los problemas tangibles, pero también debemos esforzarnos abiertamente para superar la depresión psicológica que puede minar nuestras fortalezas y energía.

Cuando nos alcance la *tristeza,* no debemos dejar que enturbie nuestra esperanza. El brillante sol *naranja* todavía está allí. Sólo está escondido temporalmente detrás de las nubes *negras.* El camino hacia las cumbres *plateadas* puede estar bloqueado por la *verde* envidia de los demás, distorsionada por la ira *morada* o impedida por las luces de color *ámbar* que nos hacen ser más cautelosos. Para volver a ver todo color de *rosa* debemos visualizar nuestros objetivos con una claridad *cristalina* y avivar esas llamas *rojas* de nuestro entusiasmo para superar nuestros problemas con una *blanca* erupción de fuerza y determinación que nos permita saltar por encima de los pozos *negros* que nos impiden alcanzar nuestros objetivos y cambiar el *gris* oscuro de nuestra vida para abrazar el sueño *dorado.*

Lo más importante

- No siempre nuestros esfuerzos logran el resultado esperado. La amargura del fracaso está intercalada con la alegría del éxito. Tratar con los fracasos de manera constructiva generalmente nos permite convertirlos en éxitos.
- Debemos esperar que los fracasos ocurran de vez en cuando y ponernos la condición de que no debemos dejar que nos depriman.
- Si somos empresarios, es nuestra responsabilidad animar a nuestros trabajadores cuando fracasan y formarlos para que triunfen.
- Para triunfar, no es suficiente con tener un buen rendimiento. Para tener éxito realmente debemos realizar más allá de lo que se espera de nosotros, de manera innovadora, y tener el valor de correr riesgos que quizás no salgan bien.
- Para cultivar una actitud mental que nos proporcione paz y felicidad, Dale Carnegie aconseja que deberíamos:

  1. Llenar nuestra mente de pensamientos de paz, coraje, salud y esperanza.
  2. Nunca tratar de vengarnos de nuestros enemigos.
  3. Esperar ingratitud.
  4. Hacer un recuento de nuestros beneficios (no de nuestros problemas).
  5. No imitar a los demás.
  6. Tratar de sacar provecho de nuestras pérdidas.
  7. Hacer felices a los demás.

Apéndice A

Sobre Dale Carnegie

Dale Carnegie fue un pionero de lo que ahora se conoce como el movimiento del potencial humano. Sus enseñanzas y libros han ayudado a personas de todo el mundo a tener confianza en sí mismas y a ser personas agradables e influyentes.

En 1912, Dale Carnegie ofreció su primer curso en una conferencia pública en una YMCA de Nueva York. Como en la mayoría de conferencias públicas de aquella época, Carnegie empezó la charla con una clase teórica, pero pronto se dio cuenta de que los miembros de la clase parecían estar aburridos e inquietos. Tenía que hacer algo.

Dale dejó de hablar y, tranquilamente, señaló a un hombre de la última fila y le pidió que se levantara y hablara de manera improvisada sobre su pasado. Cuando el estudiante terminó, le pidió a otro que hablara de sí mismo, y así hasta que todos los presentes habían dado un breve discurso. Gracias a los ánimos de sus compañeros de clase y a las orientaciones de Dale Carnegie, cada uno de ellos superó su miedo y pronunció charlas satisfactorias. «Sin saber lo que estaba haciendo, tropecé con el mejor método para conquistar el miedo», declaró Carnegie posteriormente.

Sus cursos se hicieron tan populares que fue invitado a ofrecerlos en otras ciudades. A medida que pasaron los años, mejoró el contenido del curso. Descubrió que los estudiantes estaban interesados sobre todo en aumentar la confianza en ellos mismos, en mejorar sus relaciones interpersonales, en triunfar en sus profesiones y en superar el miedo y la preocupación. A raíz de ello, modificó el curso para tratar sobre estos asuntos en lugar de centrarse en el asunto de hablar en público. Estas charlas se convirtieron en los medios hacia un fin en vez de una finalidad en sí misma.

Además de lo que aprendió de sus estudiantes, Carnegie participó en una extensa investigación sobre la manera de abordar la vida de hombres y mujeres triunfadores, y lo incorporó en sus clases. Esto lo llevó a escribir su libro más famoso, titulado *Cómo ganar amigos e influir sobre las personas.*

Este libro se convirtió en superventas instantáneamente y desde su publicación en 1936 (y su edición revisada en 1981), se han vendido más de veinte millones de copias y se ha traducido a treinta y seis idiomas. En el año 2002, *Cómo ganar amigos e influir sobre las personas* fue elegido el primer Libro de Negocios del siglo xx. En 2008, la revista *Fortune* lo calificó como uno de los siete libros que todo líder debería tener en su biblioteca. Otro libro del autor, titulado *Cómo dejar de preocuparse y empezar a vivir*, escrito en 1948, también ha vendido millones de copias y se ha traducido a veintisiete idiomas.

Dale Carnegie murió el 1 de noviembre de 1955. La necrológica de un periódico de Washington resumió su contribución a la sociedad del siguiente modo: «Dale Carnegie no resolvió ninguno de los misterios profundos del universo pero, quizás, más que nadie de su generación, ayudó a los seres humanos a aprender a relacionarse, lo cual a veces es una de las necesidades más importantes».

Sobre Dale Carnegie & Associates, Inc.:

Fundado en 1912, Dale Carnegie Training evolucionó de la fe individual en la fuerza de de la autosuperación a una empresa de formación basada en el rendimiento con oficinas por todo el mundo. Se centra en ofrecer a las personas empresarias la oportunidad de agudizar sus habilidades y mejorar su rendimiento a fin de construir resultados positivos, firmes y provechosos.

El cúmulo de conocimiento original de Dale Carnegie se ha ido actualizando, ampliando y refinando a lo largo de casi un siglo de experiencias de la vida real. Las ciento sesenta franquicias de Dale Carnegie repartidas por todo el mundo utilizan sus servicios de formación y consulta con empresas de todos los tamaños y de todos los campos para mejorar el aprendizaje y el rendimiento. El resultado de esta experiencia colectiva y global es una reserva en expansión de la visión de negocios en la que confían nuestros clientes para impulsar sus resultados empresariales.

Con su sede central en Hauppauge, Nueva York, Dale Carnegie Training se halla en los cincuenta estados de Estados Unidos y en otros setenta y cinco países. Más de dos mil setecientos instructores presentan programas de Dale Carnegie Training en más de veinticinco idiomas. Dale Carnegie Training se dedica a servir a la comunidad de empresarios de todo el mundo. De hecho, aproximadamente siete millones de personas han completado el curso.

Dale Carnegie Training destaca los principios y procesos prácticos mediante el diseño de programas que ofrecen a las personas el conocimiento, las habilidades y las prácticas que necesitan para aumentar el valor de sus empresas. Por su unión de soluciones demostradas con desafíos reales, Dale Carnegie Training es reconocido internacionalmente como la formación líder encargada de sacar lo mejor de las personas.

Entre las personas graduadas en estos programas, se encuentran directores de las mayores empresas, propietarios y jefes de empresas de todos los tamaños y de todas las actividades comerciales e industriales, líderes legislativos y ejecutivos del gobierno e innumerables individuos cuyas vidas han mejorado notablemente a raíz esta experiencia.

En una encuesta mundial en curso sobre la satisfacción del cliente, el 99 por 100 de los graduados en el Dale Carnegie Training están satisfechos con la formación que reciben.

Sobre el editor

Este libro fue compilado y editado por el doctor Arthur R. Pell, que fue asesor de Dale Carnegie & Associates durante veintidós años y fue elegido por la empresa para editar y actualizar el libro *Cómo ganar amigos e influir sobre las personas*. También ha sido autor de *Enrich Your Life, the Dale Carnegie Way* y escribió y editó «The Human Side», un artículo mensual de Dale Carnegie que se publicó en ciento cincuenta revistas comerciales y profesionales.

Es autor de más de cincuenta libros y de cientos de artículos sobre gerencia, relaciones humanas y autosuperación. Además de sus propios escritos, el doctor Pell ha editado y revisado libros clásicos del campo del potencial humano tales como *Piense y hágase rico* de Napoleon Hill, *El poder de la mente subconsciente* de Joseph Murphy, *Como un hombre piensa así es su vida* de James Allen, *El sentido común* de Yoritomo Tashi y obras de Orison Swett Marden, Julia Seton y Wallace D. Wattles.

Apéndice B

Los principios de Dale Carnegie

Ser una persona más amigable

1. No criticar, condenar o quejarse.
2. Demostrar aprecio honesto y sincero.
3. Despertar en la otra persona un deseo impaciente.
4. Estar verdaderamente interesados en los demás.
5. Sonreír.
6. Recordar que el nombre de una persona es para ella el sonido más dulce en cualquier idioma.
7. Saber escuchar. Animar a los demás a hablar de sí mismos.
8. Hablar en términos de los intereses de los demás.
9. Hacer que los demás se sientan importantes, y hacerlo con sinceridad.
10. A fin de sacar lo mejor de una discusión, evítala.
11. Respetar la opinión de los demás. Nunca decirle a una persona que está equivocada.
12. Si uno está equivocado, debe admitirlo rápidamente y con empatía.
13. Empezar de manera amigable.
14. Conseguir que la otra persona nos diga que «sí» inmediatamente.

15. Dejar que los demás hablen más que nosotros.
16. Permitir que la persona sienta que la idea es suya.
17. Intentar honestamente ver las cosas desde el punto de vista de la otra persona.
18. Ser comprensivos con las ideas y los deseos de los demás.
19. Apelar a los motivos más nobles.
20. Escenificar nuestras ideas.
21. Lanzar desafíos.
22. Elogiar y apreciar honestamente.
23. Llamar la atención sobre los errores de los demás indirectamente.
24. Hablar sobre los propios errores antes de criticar a los demás.
25. Preguntar en lugar de dar órdenes.
26. Permitir que la otra persona salve las apariencias.
27. Elogiar siempre cualquier mínima mejora. Ser «calurosos con nuestra aprobación y generosos con los elogios».
28. Ofrecer a la otra persona una buena reputación a la que aspirar.
29. Dar ánimo. Hacer que los defectos parezcan fáciles de corregir.
30. Lograr que los demás estén contentos de hacer lo que les pedimos.

Principios fundamentales para superar la preocupación

1. Vivir en «compartimentos estancos al día».
2. Cómo enfrentarse a los problemas:
3. Preguntarse: «¿qué es lo peor que me podría ocurrir?».
4. Prepararse para aceptar lo peor.
5. Tratar de mejorar lo peor.
6. Recordarse a uno mismo el precio desorbitante que se puede pagar por la preocupación en términos de salud.

Técnicas básicas para analizar la preocupación

1. Conseguir todos los datos.
2. Sopesarlos y tomar una decisión.
3. Una vez tomada la decisión, actuar.
4. Anotar y responder las siguientes preguntas:
   - ¿Cuál es el problema?
   - ¿Cuáles son las causas del problema?
   - ¿Cuáles son las posibles soluciones?
   - ¿Cuál es la mejor solución posible?
5. Acabar con el hábito de preocuparse antes de que éste acabe con nosotros.
6. Mantenerse ocupado.
7. No preocuparse por pequeñeces.
8. Usar la ley de la probabilidad para eliminar nuestras preocupaciones.
9. Cooperar con lo inevitable.
10. Decidir cuánta ansiedad merece una cosa y negarse a darle más.
11. No preocuparse por el pasado.
12. Cultivar una actitud mental que nos aporte paz y felicidad.
13. Llenar nuestra mente de pensamientos de paz, coraje, salud y esperanza.
14. Nunca intentar vengarnos de nuestros enemigos.
15. Esperar ingratitud.
16. Hacer un recuento de nuestras ventajas, no de nuestros problemas.
17. No imitar a los demás.
18. Intentar beneficiarse de las propias pérdidas.
19. Hacer felices a los demás.

Índice